時空を超える運命のしくみ

望みが加速して叶いだすパラレルワールド〈並行世界〉とは

精神科医
越智啓子

青春出版社

はじめに

この本を手に取ってくださって、本当にありがとうございます。

きっと、「時空を超える」のフレーズにピンとこられたのでしょう！

もしかしたら、「パラレルワールド」（並行世界）に興味を持って、話題になったアニメ映画『君の名は。』を何度もご覧になったかもしれません。

「運命のしくみ」に心惹かれた方は、最近運命について考えていたのかもしれません。

もちろん、私自身は、これらすべてに関心を持っています。

だからこそ、このベストタイミングに書くことができました。


私は、薬を使わずに、ずっと愛と笑いの過去生療法をしてきたユニークな精神科医です。いろんな患者さんの人生を謎解きしてきて、「時空を超える運命のしくみ」を感じてきました。診療の中で「運命のしくみ」がわかって、意識が変わることで、パっと一瞬で、患者さんの表情も、エネルギーも、人生も変わるのをたくさん見てきました。

自分がどんな気持ちでいるかによって、日々、どの世界に住むかが変わってくるのを何度も何回も体験して、今強く感じていることを書いてみました。

皆さんに伝えたくて、早朝三時か四時には起きて、朝飯前にパタパタとノートパソコンのキーボードを叩いて、書き綴ってきました。

興味を持って読んでくださると、とても嬉しいです。

読み進んでいるうちに、だんだんとパラレルワールドを身近に感じてもらえたら、さらに嬉しいです。

時空を超えるって、こんな感じと、少しでも味わってもらえたら、最高に幸せです。


私たちは、この三次元に降りてきて、日々、今という無限の世界で、パラレルワールドを感じながら、いろんな体験を楽しく味わっています。

実は、私たちの本質は光なのです。意識なのです。エネルギーでもあります。

それぞれの宇宙を創ってきました。今も創っています。

だから、それぞれが、実は、創造主なのです。

私たちは、みんな創造主なのです!

これを知ることで、人生は大きく変わっていきます。

運命が変わってくるのです。


運命とは、いのちを運ぶと書きます。

私たちのいのちは、無限に生き続けています。

死という形でリセットできますが、またこの世に生を受けて、いろんな体験ができます。これが「運命のしくみ」です。繰り返し生まれることで、ずっといのちを運んでいるのです。

私たちのいのちは、永遠に続いています。いろんないのちを体験してきました。

これからも体験を続けます。愛があふれる地球という星に、たくさんのいのちが集まって、大人気の星になっています。そして、そろそろリセットが必要になってきました。

そこで、一気に私たちの意識が次の舞台となる新しい地球に移る時がやってきました。これも自然の流れなのです。パラレルに存在する未来の地球へと移るお時間がやってまいりました。どのようにしてシフトしていくのか、そのための手引き書になってほしいと思って書いてみました。

どうぞ、面白がって、読んでください。

運命のしくみが、自然にわかってきます。

だんだんとパラレルワールドが当たり前になって、すぐに移行できるようになります。意識を変えるだけなのです。

それでは、パラレルワールド行きの「時空を超える運命のしくみ」を楽しんでくださいませ。


人生がわくわく楽々になるインスト楽多《ラクタ》〜

越智　啓子

目次

序章

あなたの望みがスピード実現する「パラレルワールド」とは

——思いひとつで運命を変えられる秘密

第1章

多次元に生きてみませんか

——新しい運命の扉を開くパラレルワールドに気づく

第2章

「過去」でも「未来」でもない。「今」に意識を集中する力

――内なる宇宙につながり、本当の自分に目覚める

第3章

今ハマっているものこそ、パラレルワールドにつながるスイッチです

――「運命の出会い」は自分で引き寄せられる！

第4章

時空を超えて、思い通りの運命を創る

——大変動の時代、パラレルワールドを活用するチャンス！

カバーイラスト　押金美和
本文デザイン・DTP　岡崎理恵

序章

あなたの望みがスピード実現する「パラレルワールド」とは

——思いひとつで運命を変えられる秘密

どんな世界で生きるかは自分で選べます

あなたは、今、どんな世界に生きていますか？　そして、どんな世界に生きたいですか？

この三次元では、私たちの思いがいろんな現象を引き寄せ、いろんな世界を創ります。

それぞれの人生、それぞれの世界、そしてそれぞれの宇宙があるのです。

人の数だけ宇宙があるといわれています。**それが並行的にパラレルワールドになっているのです。**

思いが宇宙を創っていると想像するだけで、わくわくしてきます。

パラレルワールドについての解説を、ぜひ今回の本の中でしていきたいと思います。

「パラレルワールド」という言葉を聞いたことがありますか？

社会現象にもなった大ヒットアニメ映画『君の名は。』は、主人公二人が時空を超えて入れ替わり、いろんな世界を行き来し、時間移動（タイムスリップ）して過去を変えるという「パラレルワールド」を意識して楽しめる映画でした。

これは架空のアニメの世界だけの話ではありません。

「魂科医」の私から見ても、この世界は、実は意識を変えるだけで、パラレルにいろんな人生があって、世界を選べるのです。意識は時空を超えて自由自在に移動し、過去も書き換えることができます。

詳しいパラレルワールドの説明は、次の章にゆずりますが、自分の思いがこの世界を創っているので、思いの数だけパラレルワールドがあるということ。そして、どんな世界（パラレルワールド）を選ぶかは自分次第なのです。

「楽しく明るいプラスの世界を引き寄せるか、不安や恐怖に満ちたマイナスの世界を引き寄せて現象化するかは、自分で選べる」

ということを、まずは覚えておいてください。

「パラレルワールド」を知ると、どんなことが起きる？

では、これから本書で紹介する「パラレルワールド」の存在を知ると、どんなことが起こるのでしょうか？

私の講演会では、デモンストレーション（実演）の時間に、その場にお集まりの皆さんの悩みのヒーリングをしています。それと同じ要領で、今回読者の皆さんの紙上ヒーリングに初挑戦してみました。

もし、あなたの悩みがヒットしたら、今が「パラレルワールド」の存在を知るベストタイミングです。

❶ とんとん拍子に成功する

「頑張っているのに何もかもうまくいかない」という人は、すべてがとんとん拍子に進む世界（パラレルワールド）を意識してみましょう。

「とんとん拍子」に物事がうまく進むときは、天の応援が入って、運命の波に乗っていることを意味しています。

詳しくは第2章で解説しますが、**成功する人を見ていると、過去の出来事をくよくよ悔やんで、過去に意識を飛ばすことがありません。まだ起きていない未来のことを心配したり、不安に思ったりもしません。**

今この瞬間に意識を集中させるので、時間の密度が濃くなり、短時間でたくさん仕事が

できるようになります。その分、超スピーディに成果を上げることにつながるのです。

もう一つ、いろんなジャンルで成功している人ばかりの世界、そんな**「成功者パラレルワールド」を意識して引き寄せる**こともできます。

その世界を引き寄せるスイッチとなるのが、人との出会いです。自分が成功したいジャンルで、すでに成功した人々とつきあうことです。

成功する秘訣を教えてもらえなくても、相手に直接会って、相手のオーラ圏に入るだけで、言葉ではないエネルギーを感じられます。自然に成功する秘訣をエネルギーで吸収できるのです。

また、そのエネルギーが素敵な刺激になって、あなたの成功する感性が開いてきます。

なぜなら、才能というのは、実は生まれつき持っているもので、初めてチャレンジしてもできてしまう能力です。それは、魂が過去に体験したことだからです。

第3章で紹介しますが、過去の人生（過去生《かこせい》）で体験したいろんな体験が、才能の引き出しとして誰もがみんな持っているものなのです。

❷不運な運命の流れが変わる

不運続きの方がいらしたら、それは実はとてもラッキーなことだと思ってください。「不運の世界」と「ラッキーの世界」は、実は正反対のパラレルに存在しています。あなたの魂の過去・現在・未来の中でエネルギーのバランスを取るしくみになっています。流れをブロックしているところが取れてエネルギーが流れ始めると、これからの流れが変わります。だんだん不運がラッキーに入れ替わっていきます。まさに失敗は成功のもとです。

ジャジャーン！　実は、**不運続きは、これからラッキーが続く予告編です。**だから、大丈夫です。わくわく何が起きるかを待っていましょう！

人生は、真逆にいろいろ起きています。だから、面白いのです。大逆転の人生を楽しみましょう。

私は二回も離婚しましたが、そのおかげで、三回目の素晴らしいパートナーに会えました。癒しの「天の舞」と創造の「海の舞」（沖縄・恩納村《おんなそん》にあるクリニックやアロママッサージルーム、カフェを併設した複合施設）ができました。

人生、七転び八起きです。負け続きと思っていたら、最後にどんでん返しの大逆転で、素晴らしい創造の場ができました。

世界一〇〇か国を旅するパワフルなマルチアーティスト歌手、画家、作家であるAKIRAさんの『ハイボクノウタ』という歌の中に、「負ける勇気を持ちなさい」という素敵なフレーズがあります。負けるほうが勝つよりも相手のエネルギーを受け入れて、人の痛みもわかるようになるのでお得なのだそうです。それがわかると、負けることが怖くなって、いろんなことにチャレンジできるようになるそうです。

負けてもお得なので、どんなことにもピンときたらチャレンジしましょう！

いかがでしょうか？　本書で紹介する「パラレルワールド」を活用すると、どんなことが起こるのかをダイジェストでご紹介しました。

いよいよ次章から、パラレルワールドと宇宙のしくみ、運命のしくみをひもといていきましょう。

第1章

多次元に生きてみませんか

——新しい運命の扉を開くパラレルワールドに気づく

世界の科学者が注目する「パラレルワールドの存在」

パラレルワールドというと、ＳＦやアニメ映画でおなじみの「もしも」の世界、この世界と同じ次元に存在する「並行世界」のことだと一般にいわれています。

でも、あとで紹介する**最新の量子力学から「この世は仮想世界である。私たちが観察しない限りは存在しない」という報告があるように、この世の三次元世界は、私たちの思いでできているバーチャルな世界です。**

「現実」に見えることも、実は、あなたの思いでできています。だから、自分の思い、意識を変えるだけで、自分の生きている世界を選ぶことができます。次元を超えて、いろんな世界を同時並行に生きることができます。

そこで、この章のタイトルも「多次元」にしました。多次元の中に、パラレルワールドが含まれているからです。

もっと厳密に言うと、時空を超えて、あれもこれもてんこ盛りです。思いでこの世界、宇宙を創っていますから、究極は何でもありなのです。

パラレルワールドの存在は、今や最先端の量子力学や物理学に取り上げられていて、とても興味深い分野です。宇宙のしくみはもちろん、日常の私たちの人生にも関わっているからです。

二〇一七年に三人の物理学者、レイナー・ワイス名誉教授（MIT）、バリー・バリッシュ名誉教授、キップ・ソーン名誉教授（ともにカリフォルニア工科大学）が「LIGO（ライゴ）検出器および重力波の観測への決定的な貢献」の理由でノーベル物理学賞を受賞しました。つまり、「重力波」の検出に初めて成功したのです。

重力波とは、宇宙で発生している時空のゆがみ、波紋のようなものです。詳しい説明はここでは割愛しますが、この研究が、宇宙にこの三次元だけでなく、他の次元（＝余剰次元）が存在するという仮説を裏付けるものだったのです。

重力波の研究を通じて、**いよいよ科学者たちが、本格的に余剰次元と並行宇宙の発見に本腰を入れてきたのです**。

高周波数の重力波は宇宙のどこにでも多次元に波及していて、余剰次元がまるで呼吸するように（「呼吸モード」）この宇宙を膨張・収縮しているのではないか、と言っているのがドイツのゴメス博士です。

私たちの肉体でも、肺が呼吸で膨張と収縮を繰り返しているように、宇宙の余剰次元も呼吸のように時空を伸び縮みさせているというのです。擬人的でなかなか面白い説です。

二〇一八年暮れにLIGOに加えて、イタリアのレーザー干渉計VIRGO（バーゴ）を同時に使った実験をすることになっているので、その結果が待ち遠しいです。**高周波数の重力波が検出されたら、余剰次元の存在が証明されます。まさかの並行宇宙が科学の最先端になってきました。**

スイスのジュネーヴ郊外にも、パラレルワールドを研究している施設があります。素粒子物理学の総本山CERN（セルン）です。そこでもパラレルワールドやタイムマシンの研究がされています。

異常気象や地震が増えてくるときは、終末論やマイナスの予言が飛び交って、集合意識の心配と恐怖のエネルギーが、ますますマイナスの世界を引き寄せて現象化してきます。

一方、祈りで世界を平和にしようとする人々も、今までの祈りの力をパワーアップして、平和な地球のパラレルワールドをぐんと力強く引き寄せているのです。

つまり、**引き寄せるとは、どんなパラレルワールドを引き寄せるかなのです**。私たちの集合意識が、どう思うかで変わってくるのです。

マイナスの思い込みの人々のパラレルワールドを意識すると引き寄せてしまうので、マイナス情報をあまり自分の潜在意識に入れないようにしましょう！

少しでも「不安《ファン》」になると、そのパラレルワールドの「ファン」になって引き寄せてしまいます（ちょっとギャグを言ってみました）。

今はまっている世界が、パラレルワールドとして、あなたのまわりに集まってきています。

一人ひとりが創造主として、この世界を創っているので、その人の世界を中心として、パラレルワールドがいくつもできていきます。

マルチな人ほど、多くのパラレルワールドが存在しているのです。意識が広がるほど、パラレルワールドが増えるのです。

さあ、あなたは、どちらのパラレルワールドを選びますか？

もちろん、両方を選んで、ハラハラドキドキしながら、ゲームのように遊ぶのもありですよ～

究極は、「お好きなように～」

誰でも夢の中でパラレルワールドを訪れています

私たちは、睡眠中夢を見ているときに、パラレルワールドに行っていて、目覚めた瞬間に現実が決まるのかもしれません。

亡くなった母が大好きだった、桜の木でできた重い濃い茶色の民芸家具がたくさんある素敵な家に訪れる夢を、思春期のころによく見ていました。とても広くておしゃれで、こんな家に住みたいと思っていました。母にも見せたかったのですが、そのうち、夢の中で母も登場して、ほっとしました。

だんだんと現実の実家の家がそれに近づいてきました。母も同じ夢を見ていたのだと思います。ちゃんと母が生きている間にシェアしたかったです。

今度こそ夢の中で、右側の奥部屋も探索したいと思って寝たことがありました。ちゃんとそこも見ることができて、とても面白い体験でした。

まさしく今、急に母の意識がコンタクトしてきました。

「お呼びですか？　私もその家を知っているわ。夢の中で見たわよ。啓子も見ていたなんて、びっくり！　このことも書いたら？」

もしかしたら、この本を書いているのも見られているのかも？　恥ずかしいよりも、温かさを感じます。母が見守ってくれていると思えて、さらにキーボードを叩く手がスムーズに動きます。

夢の中で、亡くなった人が出て、再会できるときもあります。

それが、とても生々しくて、リアルできっと本当に会っているのだと思っています。夢の中に出てくるときは、もれなくその方は、成仏しています。

しばらく、夢に現れないときは、きっと親しかった人々に挨拶まわりをして忙しいのです。落ち着いてきたときに、にこにこ笑顔で夢の中に登場します。

久しぶりの再会を楽しみましょう！　いろんなことを話してシェアすると、こちらの気持ちも落ち着いてきます。

愛する人を亡くすことは、予想以上のストレスと悲しみの思いがいっぱいに広がります。あまりにもショックなときには、泣けないときがあります。この人の前なら泣けると安心できたときに、どっと泣けるのです。**泣くのもちゃんと環境を選んでいます。**

「泣く」という素晴らしい癒しと並んで、「笑い」があります。

実は、あの世には、「笑いの学校」があります。私も、あの世の「笑いの学校」の講師をしています。面白いパラレルな副業です。

この世であまり笑わなかった人は、あの世で「笑いの学校」に通うことになります。

それほど、笑いはとても大切なのです。今のうちにたくさん笑っておくといいですよ〜。

この世であまり笑わない人生だと、あの世で、「笑いの学校」に行くことになってしまいます。そのときに、笑いが少ない人生だったと反省するのです。

笑うと、一気に不安は吹き飛びます。痛みも忘れます。痛みを感じながら笑うのは至難の業です。笑うと心地がいいので、痛みに戻るのを忘れてしまうのです。

笑うと確実に明るくなり、波動が上がります。

爆笑する瞬間、マイナスの不安がいっぱいのパラレルワールドと縁が切れます。

これが、実はすごいことなのです。夢の中でも、笑いを勧める「笑いの学校」のことを、どうぞ思い出して、今生《こんじょう》でしっかりと笑いましょう！

夢の中で、過去生《かこせい》の解放をしているときもあります。

悪夢を見るときは、必ず過去生の恐怖や不安を解放しています。

追いかけられて、必死に逃げる同じシーンを見て、寝汗をびっしょりかくこともあります。だいたい多くても五～六回くらいで、見なくなります。解放が終わったのです。

クリニックで患者さんの魂さんからイメージのメッセージを受け取って、解説したら、悪夢とそっくり同じで、より詳しく解説して納得されることがあります。そのときは、アメリカのマフィアの時代で、グループ闘争で追いかけられて、ピストルで撃たれて亡くなるシーンでした。ピストルで撃たれたところがこぶ状に盛り上がっていて、その解放をしてからは、平らになって消えてしまいました。

前の精神科では、そのイメージを精神科医に話したら、「妄想」と言われて、「統合失調症」と診断されました。このケースの場合の妄想は、過去生の恐怖体験のイメージとぴったり一致しました。

このときに見た世界は、一九二〇年に禁酒法が施行されたあとの、アル・カポネの時代です。そのころの地球がパラレルに近くに存在していて、クリニックのセッションが終わるまでは、その患者さんにとって今の三次元世界に強く影響を与えていたことになります。

私もその時代に関わっていたので、彼とパラレルワールドが共通していて、縁があってヒーリングをすることになっていたのでしょう！

私の今の夫もアメリカの過去生の時代に、マフィアのボスでした。そのとき、私は愛人だったので、今回の人生で妻になれて、夢が一つ叶ってとても嬉しいです。

この夢は睡眠中の夢ではなく、人生で叶えたい夢の意味です。

夢の中で、ちょうど、その時代の風景がしっかりと出てきて、車に乗っているシーンを見たことがあります。映画『バック・トゥ・ザ・フューチャー』を見てそっくりだったので、とても懐かしくなりました。まるで、既視体験（デジャヴ）のような感じでした。

過去生の体験も私たちの記憶の中にあります。

夢の中にそのときの気になっているイメージが出てくるということは、やはり、**夢の中で見たのは、パラレルワールドの世界なのです。**


夢の中では、意識が自由に飛べます。

夢の中と、瞑想の中で見るイメージは、パラレルワールドに行って、感じているのです。

よく夢の中で、難しい数式が解けたり、行き詰まった発明の発想が生まれたり、問題解決のヒントをもらったりします。

行き詰まった発明のヒントを夢の中でもらったというアメリカの発明家エリアス・ハウの例があります。

現代のミシンの発明の最後の難関が、針をどうするかでしたが、夢の中で、アフリカの原住民たちが出てきて、不思議な槍《やり》を持っていました。その槍の先を見たら穴が開いていたのです。発明家ハウさんは、「はっ、これだ！　針の先に糸を通す穴を開ければいいのだ！」と難問が解けて、現代のミシンができたそうです。

さらに、**正夢と呼ばれる、夢で見た現象がそのままこの三次元世界で体験する**ということもよくあります。

三次元世界よりも少し先の世界に行って、見てくるという感じです。四次元世界にちょっと先の世界を見せるところがあります。まるでディズニーランドに行くような感覚です。

患者さんから、「啓子先生が夢の中に出てきて、ヒーリングしてもらって、とても楽になりました！　ありがとうございます！」と言われることが、よくあります。

夢の中で、ヒーリングをしたり、メッセージを届けたり、夜もお仕事しているのですね。

それを三次元で確認したエピソードがあります。東京にいたころ、友人が泊まりにきていて、朝方、「ただいま〜」と私の声がして、ちょっと疲れたような響きだったので、大丈夫かしらと私のベッドを見たら、ちゃんと寝ていたそうです。

起きてから「どこへ行ってきたの？『ただいま』と疲れた声がしたのよ！」と言われて、やっぱりと思いました。

ちゃんと寝ていたのですが、夢の中で忙しくヒーリングの仕事を往診のように回ってきて、自分の身体に戻ってきたような感じがしました。私のつぶやきが友人に聞こえたのが、びっくりでした。

あなたも、ちゃんと寝たのに、疲労感が残っていることがありませんか？　きっと別の世界で別のお仕事をしていたのでしょう。

もう一つ、夜のお仕事をしています。

あの世で、日本に生まれ変わる人々のオリエンテーションの講師をしているのです。その内容をよく覚えていることがあります。

だいたい五〇人くらいの人数で、立体的なホログラムのような地球儀がまわっていて、魔法の杖のような棒で、ちょっと触るだけで、そこがズームアップされ、映し出されます。

例えば昨夜の様子を紹介すると、

「皆さんがこれから生まれ変わる日本は、今、猛暑で三六～四〇度と体温よりも高い気温で、熱中症が増えています。前回体験したところがインドやマレーシア、ベトナムなど暑い国にいた方々は、慣れているので楽だと思います。

異常気象は、地球の地軸がこのように傾いてきたために起きています」

と、解説していました。

やはり、**この世との関係が夢の中の世界とも連携しています**。

あなたも、夢の中でパラレルワールドを体験してみませんか？

瞑想で時間の密度が変わる不思議

瞑想が思いがけず、いのちを助けたケースがあります。

タイでサッカーチームの一一～一六歳の少年たち一二人と二五歳のコーチが大雨の中、タムルアン洞窟に閉じ込められて、一七日後に全員助けられたという〝奇跡の生還〟のニュースは記憶に新しいでしょう。

なぜ、一〇日以上もの間、食べ物がなく暗い洞窟の中にいて、全員無事だったのでしょうか。

実は、コーチが体力温存とパニックにならないようにと、少年たちに瞑想を教えて、そのおかげで助けられる瞬間まで瞑想をしていたそうです。食べ物もなく、暗い中で耐えられたのは、瞑想のおかげだったのです。

瞑想すると、本当に意識が別次元に行けるので、食べ物がなくても宇宙エネルギーで満

杯になります。

暗闇でも目を閉じるので、かえって内なる光がさして明るくなります。まさに「明想」なのです。

少年たちは、瞑想の中で楽しいパラレルワールドに行って、意識が自由に楽しんでいたのではないでしょうか。意識がすべてですから、その意識が自由に羽ばたけば、肉体がいる三次元世界がどんな状況でも、しっかりと楽しむことができます。

むしろ、そちらの世界があまりにも楽しくて、ずっとその世界にいたいくらいだったと思います。一七日間もの間、心身ともに耐えられたのは瞑想のおかげです。少年たちにとっては、三日間くらいの感覚だったそうです。

瞑想で時間の密度が変わったのでしょう。

少年たちに瞑想を教えたのは、エッカポル・ジャンタウォンさんでした。

彼は一〇歳のときに疫病で家族全員を失って、それから一〇年間、僧院で生活をしていたそうです。今でも時々僧院で僧侶と一緒に瞑想する習慣があったのです。洞窟に閉じ込められている状況で、瞑想を指導できたのは、彼が僧院での習慣になっていたからです。

一二人の少年たちのいのちを救ったのは、コーチが家族を失って、僧院で生活したという体験が役に立っています。

本当に「人生一切無駄なし」ですね！

もしかしたら、子どもたちの魂も過去生で僧侶だったかもしれません。そうだとすると、初めてでもすっと瞑想に入れます。

この事件で、瞑想の素晴らしさが世界に広がっています。素晴らしいことです。

私も瞑想は、子どものときから習慣になっています。

だからこそ、**瞑想でいろんな次元を旅する**ことが楽しくて、やめられない状態なのです。瞑想の世界で見るパラレルワールドは、どんな世界でしょうか？　まず、私自身の体験から話しましょう！

最初の瞑想では、大きな目が出てきました。それは自分の第三の目でしたが、わかったのは、しばらくしてからです。その目を覗き込んだら、尖った雪山が出てきて青空がとても美しく濃いめのブルーでした。

まるで鷹になった気持ちで下りていくと、チベットの僧院があって、赤い絨毯《じゅうたん》があり、読経をしている僧侶がたくさんいました。最初は無音だったのに、だんだん読経の響きが聞こえてきました。指導している高僧のような年配の僧を見ていました。

そこからまた、あっという間に飛んで、大きな僧院、ポタラ宮殿に行きました。その地下から下りて、地球の中の「シャンバラ（チベットに太古から伝わる地底の理想郷）」という世界に行きました。

そこは、私にはとても懐かしいところです。五歳のときに疫痢《えきり》になって一度死んで臨死体験で行ったところでした。

クリニックで過去生療法をするときに、チベットの僧侶の過去生の患者さんが多いのも、自分が過去生でチベット僧侶だったからでしょう。

シャンバラの出入り口を守っていた僧侶の過去生も数人いらしています。

シャンバラの秘密を守り通した力強い魂たちです。

チベットが気になっていて、しかも地球の中の地底の世界もあり得るかもしれないと思っている方は、同じ世界観を共有しています。そして、瞑想が習慣になっているかもしれません。

「明想」（瞑想のことを明想と表現）を世界で広めている上江洲《うえず》義秀先生は、沖縄の恩納村眞栄田《まえだ》岬の岩の前の野原で、真夜中一二時から四時まで明想を一四年間続けました。まだ真夜中なのに、まぶしいくらいの光が自分からあふれ出て、まわりも昼間のように明るくなり、自分は自由自在の無限の存在だと目覚めたのです。

「我神なり、我愛なり、我いのちなり、我光なり、我無限なり、我宇宙なり」

と次々に意識が無限に広がり、この世界の成り立ちが体感できたのです。

継続して、何かに打ち込むと、それは瞑想と同じ現象になります。

日本人は瞑想をしないかのように思われていますが、「掃除瞑想」は子どもから大人まで得意です。

サッカーの試合が終わってから、日本人サポーターたちが観客席のごみを一斉に片づけてきれいにするのは有名です。ワールドカップ・ロシア大会では惜しくもベルギーに負けた日本の選手団がロッカールームを美しく掃除して去ったことが美談になりました。

子どもたちも自発的に掃除をします。中国で行われた世界ストリートダンスの大会のときにも、終わってから日本の出場選手たちが会場のごみを掃除して、それが中国中にツイッターで広まり、「日本の子どもたちに学ぼう！」というコメントがまたツイッターでまわりました。

羽生結弦さんが仙台に凱旋パレードしたときも、約一〇万人の人々が集まったのに、終わってからごみがほとんど落ちていない状態に、世界中の人々が驚いていました。日本人のマナーのよさにびっくりしたのです。

日本では、小学校のころから、お掃除の時間があるので、掃除には身体が慣れていて、自然に身体が動いてしまうのです。

これも掃除瞑想だと言っていいと思います。何かに集中していると瞑想状態になります。なかでも**掃除瞑想は、掃除をした場のエネルギーが浄化されて、清々しくなるだけでなく、自分の波動も確実に上がる**ので、とてもお得です。

黙々と片づけをしたり、掃除をしたり、庭仕事をしたり、日常のさりげないことでも集中して、淡々とやることで、瞑想状態になっています。

もっと意識して、瞑想をしたり、瞑想状態と同じように集中することを楽しみましょう!

過去生療法でパラレルワールドとつながって解放される

患者さんの謎解きの過去生のイメージが出てくるときにも、映画のように映像がパッと出てきて、関連する場面がしばらく続きます。個人的にもっと見たいと思っても必要最小限のイメージしか見せてもらえないので、ここまでという感じで、映像は消えてしまいます。

淡々と患者さんの人生の謎解きをしていると、びっくりの歴史的な謎解きのヒントにぶつかることがあります。

あるとき、患者さんの過去生が源義経の家来で、一緒にモンゴルに渡って、義経がチンギスハンになって、広く統治していく流れをイメージで見ることがありました。大きな弓を使っていたのはチンギスハンだけだったので、義経ではないかという歴史的なうわさを聞いていましたが、まさかの過去生療法に生々しく出てくるとは思ってもみなかったです。

もっと見たかったのですが、これからいいところと思っていたシーンで消えました。まるでテレビのドラマのようでした。

問題の大きな弓は、残念ながら見ることができませんでしたが、北海道に弁慶たちと逃れて、海路で大陸に渡ったとされているので、可能性が出てきました。

歴史ロマンがイメージできて、とても楽しみです。

そして、ちょうどこの本の原稿を書いているときに、びっくりの患者さんが登場しました。大阪北部地震の震源地だった高槻からいらした女性でした。

「地震は大丈夫でしたか？」

「食器がかなり割れましたが、家族みんな大丈夫でした！　揺れ出したときに啓子先生に教えてもらったアマテラスのマントラを唱えましたよ！　そうしたら、すぐに揺れが収まりました！」

阪神・淡路大震災のあとに天から降りてきた不思議なアマテラスのマントラを唱えてくださったとは、とても感動しました。

地震のそのときに、ちゃんと祈っていたソウルメイトがいたのです。地道に癒しと平和活動をしてきて本当によかったです。

魂の底から、感動と感謝の思いが、温泉のように湧き出てきました。

彼女とは、ムーの時代、レムリアの時代、ハワイ島の時代といくつも共通した体験がありました。とても懐かしいソウルメイトに再会して、本当に感無量でした。今までの苦労も報われたように思いました。

わざわざ今生で会いにきてくださって、本当にありがとう！　薬を使わない、ユニークな治療を続けてきて、よかったです。

もう一人、若い男性のケースです。

やっと仕事がうまくいきそうだと嬉しそうですが、兄が足を引っ張っている気がする、これから先が心配だと、どうしたらいいのかという質問でした。

「困ったお兄さんのイメージをやめてみましょう。いつかは、きっと素晴らしい応援団になってくれますよ～」

と言って過去生療法をしてみたら、兄は江戸時代に堺の大商人、弟は江戸で歌舞《かぶ》いていた若者でした。だから、兄は自然にお金がまわるようになっているのです。弟は今生でも芸能に長けています。それを伝えたら、

「えっ、僕が白と紺の粋な着物を着て、女性に囲まれている昔の時代の夢を見たと祖母から電話がかかってきました」とびっくりしていました。

困った兄に悩んでいた弟ですが、過去生の情報から、兄が成功して、また素敵な再会をするというイメージに変わりました。

江戸時代のパラレルワールドが、今の世界に素敵なヒントをくれました。

どのようにイメージするかで、流れは大きく変わります。

もちろん、どちらを思い描くかは、それぞれの自由ですが、おめでたい素敵な流れを創る習慣を身につけましょう。そのほうがきっと気持ちが明るくなり、軽くなっていきます。

楽しくおめでたく、明るい世界を思いで創っていきましょう！

それを伝えたくて、一生懸命にこの本を書いています。

今までのパラレルワールドは、自分が選択しなかったあらゆる可能性の世界というイメージでした。でも、もっと豊かに楽しい可能性を秘めていることがわかって、わくわくしています。

みんながパラレルワールドに目覚める時が来ました

大好きになってはまって五回も見たアニメ映画『君の名は。』にも、パラレルワールドが登場します。

三葉の友達が、ムーの雑誌を見せながら、「エバレットの多世界解釈」を紹介していました。さらに大きくその映画自体が三年違いのパラレルワールドを行き来していました。

主人公の女子高校生、三葉が都会の男子高校生に生まれ変わりたいと強く思ったことで、東京の新宿に生活している瀧くんという男子高校生と夢の中で、入れ替わるという現象を時々体験するようになりました。

実に面白い映画が世界を駆け抜けて行きました。

日本で、興行収入が二四〇億円を突破する大ヒットしただけでなく、隣の韓国、そして中国でも大ヒットを記録して、ヨーロッパでも、フランス、ドイツ、イギリス、北欧など、次々に世界中で大人気になりました。アメリカに上陸してからも、さらに人気はうなぎ登りでした。発想が新しく展開が早くて、思わず引き込まれたのです。とうとうハリウッドが実写版を創ることになりました。どのような映画になるのか楽しみです。

三年違う世界の人と、入れ替わりながら交流した男女が、個人の恋にとどまらず、三年前の彗星が湖に落ちて村が消えることを知って、多くの人々を救助できるというびっくりの話に展開して、それが可能になります。

アメリカの大人気映画『バック・トゥ・ザ・フューチャー』のように、過去の一部を変えることで、未来が変わるという話が織り込まれています。

そこに、三年違いのパラレルワールドが登場して、ますます面白くなり、今までにない展開にびっくりした人々が、繰り返し見たくなってリピーターが増え、大人気の映画になりました。きっと、新海監督は、未来から来た人ではないかと思ったほどです。

彗星が落ちた湖のモデルが諏訪湖ではないかと、諏訪湖を訪れる人が増えました。諏訪湖は、諏訪大社、そして御柱祭《おんばしら》というスピリチュアルな場所と祭りにつながっているので、ますます神秘的な要素が入ってきます。

御柱祭は龍の祭りです。柱が龍なのです。

龍は時空を超えて、天と人と地を結びます。

映画『君の名は。』に龍は登場しませんが、主人公の名前、瀧くんの「瀧」の字にさりげなく龍が入っていることに気づきました。

龍が鼻息を荒くして、霧を創るときに、時空を飛ぶことができます。

映画『君の名は。』の瀧君と三葉が三年の溝を乗り越えて会えたのは、カタワレ（彼は誰→片割れ）時でした。

まるで、霧がたちこめたように、ぼんやりしたときが、時空間を飛べるゆるゆるのときです。

ヨーロッパでも、湖畔で霧がたちこめたときに、ユニコーンやペガサスの姿が見えることがあります。

さらに、三葉が作った口噛み酒を、瀧君が飲んだことで、三葉のＤＮＡがしっかりと瀧君の中に入って、走馬灯のように、生まれてからの出来事が蘇ってきます。**記憶がパラレルワールドにつながる大事な役目をしています。**

この映画は、ミステリアスで、いろんな仕掛けもあって、何度も見て確かめたくなります。そのプロセスで、自然にパラレルワールドに目覚めていくようになっているのです。タイミングもバッチリ、**みんながパラレルワールドに目覚めるトキ（時）が来た**のでしょう！

映画『君の名は。』の場合、パラレルワールドに加えてさらに面白いのは、瀧君と三葉が入れ替わることです。「とりかえばやものがたり」が加わっているところです。これによって、彗星が湖に飛んでくることを村人に知らせることがより強く動機付けになって、迫ってきます。

三葉の強い思い、都会の高校生男子になりたいという思いが、その通り、夢の中で実現して、それが三年後のパラレルワールドにつながります。

男女入れ替わりと、三年違いのパラレルワールドという二つの設定が、めまぐるしく変わる話の流れでテンポよく変わるので、頭の訓練にもなって、たまらない魅力を生み出しています。

しかも恋愛に発展しながら、二人のつながりが、三年前の彗星の落下の惨事を防ぐという社会的な大貢献に、大きく発展していく盛り上がりがさらなる魅力になっていきます。

これでもかと、面白くする創り方が素晴らしいです。

パラレルワールドをこれだけ盛り上げている作品も珍しいです。

途中に何度も出てくるトンビがまた象徴的です。

実は、**トンビのピーヒョロロという鳴き声が、パラレルワールドに導く声なのです。**

江戸時代にワープした人々がどうやってその時代に行ったのかのきっかけが、トンビのピーヒョロロという鳴き声なのです。それを表現した動画があって、とても面白いです。一人だけ江戸時代から帰ってこられなくて、現代からワープしてくる人々を助けています。江戸時代は、日本の縄文時代に次いで平和で成熟した文化だったので、パラレルワールドとして、よく現代との交流があります。

『君の名は。』にもトンビがよく出てくるので、びっくりしました。やはり、新海監督は、未来からの使者かもしれません。

パラレルワールドへの行き方については、第4章で解説することにします。

時空にも実は意識があります。意識を吹き込むことができるのです。その時空を見ている観察者の意識です。

それをどう思うのか、どうとらえるのかで、時空の持つエネルギーが変わります。

量子力学の世界で、観察者がいないと宇宙は存在しないと、そこまでわかってきていますが、思いや意識がエネルギーのもとになって世界ができていますので、**時空に観察者の思いや意識が加わって、存在の仕方に影響を与える**のです。

私たちは、あまり自分の思いが世界に影響を与えていることについて知らないですし、実感がわかないでいます。

でも、だんだんと私たちの意識が高まってきて、気づく人が増えてきました。気づくことによって、思いが現実化するスピードが速くなってきています。

例えば、カタカムナ学校で、「君が代」の読み解きをした日に、実は世界の国家コンクールがあって、「君が代」が優勝したり、地震についての読み解きをしたら、翌朝、その場所で地震が来て、習ったとおりに祈ったら、小難にできたりと引き寄せるスピードがびっくりするほど速くなっています。

それは、**意識レベルが高くなっているほど、強烈なパワーで引き寄せます。波動が高くなるほど、引き寄せパワーも増してくる**のです。

時空というように、時間と空間は、影響し合っています。

今まで、ずっとクリニックで、過去生療法をしてきましたが、しみじみ思うのは、過去のイメージが出てくるときに、空間と時間がセットだということです。

今の症状に関係する過去の出来事に、そのときの空間が付いてきます。

つまり、イメージというものが、時空を丸ごと引き寄せているのです。

映画『インターステラー』の五次元映像を見たときに、あのブロックの描き方に感動しました。時と空間が立体的なつながっている感じが見事に表現されていたからです。

私たちの集合意識によって、引き寄せる世界は変わります

オーストラリアのグリフィス大学とアメリカのカルフォルニア大学の共同研究で、「パラレルワールドが相互に影響し合っている」という論文を発表しました。「それぞれのパラレルワールドが反発し合って、それぞれの世界に影響を与え合っている」というのです。どんな影響を与え合っているのかまでは、詳しくは発表されていませんが、パラレルワールドが存在しているという前提は確かなようです。

パラレルワールドは、集合意識の思いで創られているので、多くの人々の関心が集まるところに、その世界が創られていきます。

とても明るくて平和な世界の地球が、すでにパラレルに存在しているといわれています。**神隠しのように突然、人が消えたりするのは、平和な地球のパラレルワールドに瞬間移動している**と考えられます。

そちらの世界をイメージして祈ったり、話したりしていると、だんだんこちらの世界も影響を受けて、近づいてきます。

終末論が好きな人々は、マイナスの予言を受け入れて、地球はもうダメだと強く思います。わざわざそれを信じるような出来事を引き起こして、説得しようとします。まさか自分の思いによって、地球がダメになる方向を強めているとは思っていません。心配しているだけです。

でも、**心配が不安になり、強い恐怖心になると、かなりの強い思いでダメになる地球のパラレルワールドを引き寄せてしまいます。**多くの人がそちらを信じることで、濃い世界になっていくのです。

強烈なマイナスの思いでできた世界を一気に消す方法があります。

それは、笑い飛ばすことです。笑いのパワーは強烈です。最強なので、一瞬で恐怖が消えます。私は、愛と笑いの癒しを日々実践していますので、何度も何度もそれを見ています。

本当に爆笑すると、あっという間に場のエネルギーが明るくなって、視界が開けてきます。

深刻になって、どよんと暗くなったときに、ギャグ一発で、明るくするのが得意になりました。常に笑いを取ることばかり考えていますので、とっさに大切なギャグ一発を生み出すことができるのです。

日々ずっと思っていることが、とっさのとき、大事な本番で役に立ちます。

日々不安なことばかり、思っていると、とっさのときに、大事な本番で、やっぱり地球はダメになるのね〜と確信を持って、そちらに流されてしまいます。

常日頃の自分の思いが大事なのです。

私たちの思いで、この世界を創っていますので、どのように思うかがこれからの世界を決めていくのです。

私たち一人ひとりの思いがとても大切になってきます。

一人でも、思い方が明るくなると、世界はぐんと明るくなってくるのです。

人生のしくみや宇宙のしくみを知らせることが大事です。

あなたの人生もこれから自分が好きなように選んでいくようになって、人生のしくみを実体験することが増えてくるでしょう。

これをきっかけに、**パラレルな平和な世界にも意識を向けて、こちらの世界にも引き寄せましょう！　一瞬で地球を平和にできます！**

お楽しみはこれからです。

どんどん加速して、思い通りにことが運ぶことが連発します。

なぜなら、流れが変わって、平和になっていくからです。

なんておめでたい、と思うかもしれませんが、おめでたい世界観を広めることが私の使命なのです。

そのためのツールと人脈が集まってきました。

この本を書くことも、平和への道筋のプロセスに入っています。

五次元以上の平和な世界と共鳴するような意識でいましょう！

パラレルに、自分の意識がそちらに飛ぶようになると、こちらでの自分の役割が増えてきます。新しいアイデアやインスピレーションが湧いてきて、それが面白いので、その世界としばらくつながります。

アイデアやインスピレーションは、少し先の近未来のパラレルワールドから来ているのです。

そう考えると、**過去を気にしている人は、過去のパラレルワールドとつながっていて、新しい未来を見つめている人は、未来のパラレルワールドとつながっていることになります。未来に意識を向けていると、過去への後悔が消えていきます。**

意識は本来、自由自在にどんな世界にも飛ぶことができます。

慣れてくると、この瞬間に、いろんな世界で、同時に体験ができるようになります。まず、それを信じて、そうすると決めることです。

意識がどんどんマルチに分散して、いろんな世界で体験するようになります。

自然に、その分散した意識の体験は、本体の自分の宇宙の根源に、新たな体験データとして組み込まれるので、発想、インスピレーションがもっと豊かになります。

意識がいろんな世界に分散できるきっかけは、人との出会いです。

興味がある話を人から聞いて、それにピンとくると、意識はその世界に飛んでリサーチをします。自分の過去のデータを検索して、進化・成長の可能性があると、その世界へ意識が継続して飛ぶことを選んで、意識の持続が始まります。その世界と今の三次元の世界が影響し合って、インスピレーションも広がってきます。

その自由度を表現しているのが、次元という概念です。

多次元的というのは、好きなように、自由自在に、という意味です。

いろんな体験をしながら、自由自在に飛び回る感覚を広げているのです。


冒険家は、いろんなチャレンジを続けていきますが、どんどん可能性を広げていく流れを楽しんでいます。

テレビでラオスの巨大な鍾乳洞を探検するグループをドキュメントする番組を見ました。こんなつらい思いまでしてよく頑張っているなぁ〜と見ているほうは思いますが、世界一の大鍾乳洞を見つけると、また探検したいと目を輝かせている冒険家にびっくりです。

山登りと同じで、頂上にたどりつくまでは、苦しくてもう二度と山には来ないと思っていても、頂上に着いて爽快感と達成感を味わってしまうと、下山するころには、次はどの山に登ろうかと山登りを続ける気持ちに変わってしまいます。

私たちは、いろんな体験をするために、光の世界からこの刺激的で面白い三次元世界に降りてきているので、途中がつらくても、それ以上の感動が得られると、その体験を飽きるまで、繰り返すのです。

飽きるまで楽しみます。あなたにも続けている体験がありますか？　大切に続けてください。それがあなたの今生での素敵な才能になります。

パラレルワールドの影響で起こる「マンデラ効果」

パラレルワールドの中で、「マンデラ効果」という現象があります。それは、私たちの**記憶違いから生じるパラレルワールド**です。

マンデラとは、南アフリカの黒人解放運動・アパルトヘイト撤廃に尽力して長い間、投獄されていたマンデラ大統領から名前が付きました。マンデラさんが二〇一三年に亡くなったときに、一九八〇年代にすでに亡くなっているという説が浮上して、かなり多くの人々がそれを記憶していたそうです。

多くの人々の記憶という思いこみで、パラレルワールドができます。

記憶は、脳の海馬《かいば》と扁桃核《へんとうかく》が担当しますが、スピリチュアルには、第三の目である松果《しょうか》体《たい》が担当しています。この**松果体が活性化すると、意識や思いの強さがぐんと強くなって、より多次元的な働きができるようになります。**

アロマでは、ラベンダーが松果体の活性化に、とても効果的です。

何より、強力な刺激は、自分の思いを「私は松果体を活性化します！」と強く思うことです。

おでこの真ん中にラベンダーのアロマをすり込んで、「私は松果体を活性化します！」と宣言すると、その通りに松果体が活発になって、直感やインスピレーションが冴えてきて、さらにいろんな次元を感じることができるようになるのです。そして、瞑想を習慣にすると、自分が多次元的に生きていることがだんだんと感じられるようになります。

感覚がより研ぎ澄まされてきて、感じる力が増して、世界が広くなった感じがしてきます。

記憶が薄れて、マンデラ効果が発動してきます。

記憶違いで、パラレルワールドを体験していたことに気づきます。


友人にパラレルワールドが日常的な人がいます。

知人とすれ違っても相手が気づいてくれなかったり、人と待ち合わせをして出会ったときに、登場がお化けっぽいと言われたりすることが数十回もあったそうです。視界から徐々に登場ではなく、突然ワッと出てくる感じなのです。

時間短縮のためにパラレルワールドを選択するので、連続性がなくなります。

位置を変える感じなのです。

彼女が途中で消えたりすると、相手の人にとって、もともといなかった人として記憶からどんどん消えていくのだそうです。

友人「マンデラ効果ってあるでしょう?」
私「記憶違いのパラレルワールドね〜」
友人「そうそう、相手がパラレルワールドに慣れていないと私の存在が記憶から消えてしまうの。でも知っている相手だと、記憶が戻ってきて元の世界に戻ったこともあるわ〜」

私「どうやって戻ったの？」

友人「私が隣にいて歩いていたのに突然消えてしまうと、もともと会っていたこともすぐに忘れてしまって、私に渡す予定だったお土産を見てはっと思い出して『戻って来て！』と私を強く心で叫んだ声が、そのまま私にも聞こえてきて、家の近くのプラットホームを歩いていたのに、振り向いた瞬間、もとの新宿のプラットホームにいたの」

相手から見ると、消えた彼女が、次の瞬間、新宿駅の雑踏の中にポッとくりぬいた空間に戻ってきて、次の瞬間には雑踏の中にいたそうです。

渡す予定のお土産に気づかなければ、そのまま記憶が消えて、その日会ったことも忘れてしまったかもしれません。

パラレルワールドに瞬間移動すると、前の記憶がすごい勢いで消えていくそうです。

マンデラ効果は、私たちの日常にも、かなり起きているかもしれません。

私も、昔、東京の銀座を歩いているとき、とても苦手な人を見かけて、通り過ぎるときに同じ空間にいたくないと思って、別空間を選択したら、すぐそばを通ったのに、まったく気づかれずに済んだことがありました。

それからは、何度もその手を使っています。

同じ日に二人の人と会うことになっていて、最初の人からお土産をもらったのですが、次の待ち合わせ時間に間に合わないので、パラレルワールドを選択したら、次の人とちゃんと会えたのですが、もらったお土産が消えていて、その後電話したら、「この間は会えなかったからまた会いましょう。お土産を渡したいから」と言われて、彼女の記憶から私と会ったことが消えていました。もちろん、お土産も彼女のもとに戻っていたのです。

また、同じ道で、同じ時間帯なのに、友人は渋滞を体験して、かなり遅れて目的地に着いたのですが、私の車は〝車払い〟されて、スイスイと早く着いてしまいました。これは確実にパラレルワールドになっていたと思います。

探し物を見つけるときも、パラレルワールドが活躍します。

探し物がなかなか見つからないときには、大天使ミカエルにお願いすると、見事にワープして出てきます。

大きな長方形の財布をなくして、助けてほしいと言ってきた人に、

「大天使ミカエルにお願いすると、わかりやすいところに戻ってくるわよ！」

とアドバイスしたら、六回も探した車の助手席に置いてあったというびっくりもありました。瞬間移動です。ありえないですが、大天使は時空を自由に移動できるので、パラレ

ルワールドを最大活用しています。

私も大切なバスツアーに、珍しくホテルで寝坊をして、急いで集合場所にタクシーを飛ばして行きましたが、うっかりタクシーに大事なスマホを忘れました。

がっくりして、すぐにミカエルにお願いしたら、バスでちょっと席をはずして戻ったときに座ったお尻の下にありました。とてもありえないことなのですが、パラレルワールドを活用すると、実はありえるのです。

探し物は、大天使ミカエルにお願いしてみてくださいね〜。

五次元世界は、私たちのすぐそばに！

アメリカの女性物理学者、リサ・ランドール博士が、五次元宇宙の存在を提唱しています。

彼女の著書『ワープする宇宙』（NHK出版）にわかりやすく書かれている五次元理論です。

私たちがいる三次元世界を取り囲む広大な異次元を五次元世界と表現したのです。

ランドール博士の説では、三次元は平面の膜（ブレーン）のように存在しています。異次元の世界は、うまく隠されているので見えないのです。

見えないのは、小さすぎるのではなく、大きくて無限の広がりを持っているためだそうです。

ランドール博士は、三次元はシャワーカーテンのように膜になっていて、それに張り付いている水滴が、私たちや原子などの物質だというのです。その水滴がシャワーカーテンから離れて、バスルーム（五次元世界）に飛び出すことができないのです。三次元世界をシャワーカーテンという膜に閉じ込められているという表現は面白いです。

異次元世界が、私たちの三次元世界のすぐそばにあるというのです。わくわくしてきます。

彼女の自宅のバスルームのシャワーカーテンを見せながら、解説してくれる動画がＹｏｕＴｕｂｅで見られますので、ぜひ見てください。とてもわかりやすいです。

多次元的に生きるということ

多次元という言葉を何度も使ってきましたが、ここで、あらためて「そもそも次元とは何か」について解説しましょう。

ゼロ次元は点です。点をつないだら線になります。一次元です。

線が動くと面になります。二次元です。

面が動くと立体になります。三次元です。

立体が動くと時間軸が加わり四次元になります。大好きな漫画のドラえもんの四次元ポケットは、さらに空間軸が加わっています。


五次元については、時間軸が無数にある世界です。並行世界、パラレルワールドと呼ばれている世界です。日々、たくさんの選択を決めながら、自分の現実世界を創っています。別の選択をする世界がパラレルに無数に存在しているという説があります。

例えば、ピンクの花柄ワンピースを着ると選択する場合と、白のレースに青のスラックスを着る場合とでは、その日の気分や体験が変わるかもしれません。

それぞれに似合うアクセサリーも選択が変わり、選んだアクセサリーのクリスタルや宝石によって発する周波数で、出会う人々との会話も変わるかもしれません。その会話から思いがけないヒントが出てくると、その後の行動にも影響が出てきます。

一つひとつ選ぶところから、面白い流れが生み出されます。

私たちは、意識で決めるときに一つしか選べないと思い込んでいますが、それがいくつも同時に体験できるコースをもし選びたいと思ったら、それも可能な世界になっています。それほど意識は柔軟なのです。

五次元世界を理解できるようになると、自然に多次元世界へ意識が広がりやすくなります。

高次元世界は、遠いかなたにあるのではなく、とても身近なそばにあるけど見えない世界なのです。

それを日本で最初にノーベル物理学賞を受賞された**物理学者の湯川秀樹博士も「素領域理論」という説**で晩年唱えておられました。

湯川秀樹博士の最後の弟子であった量子物理学者の保江邦夫先生が、「素領域理論」を受け継いで研究されて、ゆっくり熟成させて、『人生に愛と奇跡をもたらす神様の覗き穴』（ビオマガジン）の本にまとめられています。

ちょうど、見えない世界を信じる医師の集まりである、気の医学会の年次大会でも生の保江先生の講演で直接「素領域理論」について、感動的な話を聞いていたので、とても懐かしく感じました。

この本でびっくりしたのが、私たちが神様に戻る方法があまりにも簡単で意外だったことです。赤ちゃんに戻ればいいのです。首がすわる前の姿勢に戻すのです。首を緩めて、顎《あご》を落として、口をポカンと開け、楽なあぐらをかくだけです。

これで雑念もわかず、ポカンと無の境地になります。この姿勢で、即身成仏できるそうです。これには参りました！　このポーズを**龍首、龍あぐら**と呼ぶそうです。

龍もびっくりの姿勢です。本当にポカンですね！

でも、やってみると、こりゃ楽ですわ！　ゆるゆるになります。素晴らしい！

これが神様になるシンプルな道、ポカン〜。

やってみてください、首を落として、口を開けてポカン〜。

ナイス、ポカン〜。

これは、広めなくては、龍首、龍あぐら、ポカン〜。

この姿勢で、隠れていた本当の自分、神様の覗き穴が見えてくるそうです。

そして、自然にその姿勢で生きている女性に紹介されて出会ったと書かれていて、どなたかしらと思ったら、木村悠方子さんだそうです。

これにもびっくり！　木村拓哉さんのお母様であり、全国どこにでもお呼びがかかったら出かけて、愛を語る素晴らしい講演をされています。

共に、上江洲義秀先生とコラボ講演会をしてきたので、思いがけない本の中での再会に嬉しいびっくりでした。

神様の視点で生きることができたら、どんなパラレルワールドも選ぶことができます。素晴らしいです。

話を湯川秀樹博士の「素領域理論」に戻します。発表された一九六〇年代では、当時の物理学界からは、黙殺されたそうです。それから五四年たって、この理論が、保江先生によって、いよいよ世に出ることになりました。**この世はいたるところであの世と接していることを見事に説明している理論なのです。**

宇宙が完全調和の世界から、完全であることが退屈なので、一三七億年前から破れ始めたのですが、それを数式で表して、ノーベル物理学賞を取られたのが、南部陽一郎博士の「自発性対称性の破れ理論」でした。

その完全調和が破れた部分を素領域と呼んで、無数に現れた素領域の集まりが宇宙なのです。

この世の一部である素領域がまた、とんでもないほど小さくて、一〇のマイナス三四乗～三七乗分の一センチメートルくらいの極小なのです。まさに、素粒子です。そのまわりを完全調和が取り巻いているので、すぐそばに愛がいっぱいの完全調和であるあの世があって、とても安心な宇宙なのです。

小さな泡泡《あわあわ》の世界へようこそ、です！

神様＝私たちの集合体が、完全調和の世界で、とても退屈だったので、自然に破れて、わざとバランスをくずして、どうなるかを覗いているのが素領域なのです。面白いですね～。

完全調和の世界が壊れ、神様としての完全調和の中に無数に発生した素領域の集合体がこの世界なのです。

神様が、はるか宇宙のかなたにいたら、私たちの祈りは聞き届けられません。すぐそばに細やかに、神様の覗き穴があって、すべてお見通しならば、どんな小さなささやかな祈りでも聞き届けられるのです。

湯川秀樹博士と保江邦夫先生の「素領域理論」のおかげで、この世とあの世のつながり、私たちと神様、宇宙とのつながりがわかって、本当に嬉しいです。

素粒子レベルの宇宙を見ても、パラレルワールドは、無数に存在していることがわかりました。しかも完全調和の神もすぐそばにおられるとなると、不安が一気になくなります。

安心して、この世でいろんな体験ができます。

本当に、すべてはうまくいっているのです！

パラレルワールドを意識しながら、人生のしくみ、宇宙のしくみを解説してきましたが、安全で大丈夫な、とても自由な世界に私たちは存在しています。
これからも安心して、今の人生を楽しみましょう！
多次元的に生きてみると、さらに面白くなります。
ぜひ、「多次元的に生きる」と決めてみてください。
レッツ、多次元的な楽しい人生を！

第2章

「過去」でも「未来」でもない。「今」に意識を集中する力

——内なる宇宙につながり、本当の自分に目覚める

「過去」を悔やんだり「未来」を心配していませんか

前の章では、パラレルワールドの存在を紹介し、「多次元世界に生きる」と世界観が変わり、運命が変わるというしくみをご紹介しました。

しかし、私たちが多次元世界とつながり、**多次元世界に生きるには、大切な前段階のステップがあります。**

それは、「今に集中すること」。

えっ、意識を分散じゃなくて、集中する？　これまでと反対のことを言っているみたいですね。

実は、あなたの意識が「今」に集中して、「今」にしっかりとはまって初めて、別世界に意識を広げられるのです。

軸の部分がしっかりと定まっていないまま、あちこちに意識が分散してしまうと、まわりの人や情報に振り回されてしまいます。

今というこの瞬間に、意識を一〇〇％集中させると思ったことがありますか？

普段は、意識がいろんな時空に飛び交っています。

昨日のことを思い出していると、過去に意識が飛んでいます。ああすればよかったと反省しているときは、実は意識は今にいません。過去にいます。

過去のことをずっと思い続けていると、今にいなくて、過去に意識が飛んだままで、ずっとエネルギーを過去に注いでいることになります。

まだ、これから来る未来のことを心配していても、未来に意識が向いていて、そこにエネルギーを注ぐことになるので、これも同じように未来にエネルギーが注がれてしまいます。

過去にも未来にもエネルギーが注がれて、今に意識がないので、もし、二〇％ずつ使われるとすると、四〇％が過去と未来に使われて、大切な今に使えるエネルギーが六〇％しか残らなくなります。もっと過去への後悔と未来への不安にエネルギーが注がれると、ますます今使えるエネルギーが減ってしまうのです。

これが、私たちの個人的な時間の密度に影響してきます。

今使えるエネルギーが一〇〇％の人の時間の密度は、とても濃くて、短時間にたくさんのことができます。

済んだ過去のことをくよくよといつまでも悩んでいたり、まだ来ない先の未来のことを先取りして悩んでいたり、今を楽しんでいない人の時間の密度は薄いので、あまりいろんなことができなくなるのです。

今からずっと先の年金のことを心配しても、もったいないです。

自分のときには年金がもらえないのではないかと心配すると、もらえないと未来を決めるので、その通りもらえなくなります。自分の今の思いが未来を創っています。年金に頼らなくても絶対に大丈夫だと思っていると、そのように頼らなくてもいいような流れになって、その通りになります。

心配するエネルギーがもったいないです。

今、この瞬間に使ったほうがずっとお得です。

自分が進化・成長することで、老後がぐんと明るく楽しくなるからです。

時間がないと思っている人の時間も密度が薄いです。

時間は、いかようにもなると思っている人の時間は、密度が濃くて、楽しい時間になります。

だから、忙しい人に仕事を頼むと、すぐにやってくれるといわれています。

本当に忙しい活動的な人です。忙しそうに見える人ではありません。

「忙しい」と口癖にする人、「時間がない」を口癖にしている人には、頼まないようにしましょう！　**その人の時間への思いは「時間がない」世界**なので、とてもこちらの頼みごとが入りこむ余裕がありません。その人の世界の時間の密度はとても薄くて、あれこれできないからです。

忙しくても、てきぱきとこなして、いろんなことができている人に頼むと、時間にいつも余裕があるので、すぐにやってくれて、すぐにできてきてしまいます。

「忙」という漢字は、「心がない」と書きます。

ある会の発表のときに、一人最大一五分までと、人数が多かったので、時間制限がありました。

ある発表者は、「えーっ、一五分なんて短すぎる、何も伝えられない！」と嘆いていました。

ある発表者は、「五分でも、一〇分でも、いかようにも伝えられます。一五分で十分です」と余裕の笑顔でした。

前者の方の発表は、ずっと「時間がなくて伝えられない」という思いでいっぱいだったせいか、本当に一五分があっという間に過ぎてしまって、少ししか内容が伝わってきませんでした。

あとの余裕の方は、ワークも入っていて、盛りだくさんの内容で、とても一五分とは思えない充実した発表でした。

その人の思い方で、時間の密度が違うことを体験できました。

「いつも時間はたっぷりある、今始めれば必ずできる！」と思いましょう！

私自身もこの本を書くことで、その思いがどのように創造していくかを体験しています。ベストタイミングに体験したことを、そのままこの本に書くことができています。いつも夜の一〇時前後に寝て、朝三〜四時ごろに起きて書いています。忙しい人はライターさんが代わりに書いてくれますが、私は、対談本以外は自分で書いています。

「大丈夫〜、必ず書ける〜」と思いながら、書くことに集中しています。そうすると、自然に流れるように思いがそのまま活字になって、するすると書けるのです。

本当に、今思っていることが未来を創ります。そして、瞬時に過去になっていくのです。実際に感じているのは、ずっと今という感覚が続いているだけなのですが、頭の中で、過去と未来を何となくイメージしています。

でも、実際は、ずっと今の感覚しかないのです。

今の中にすべてがあります。

「今」に一〇〇%集中すると、内なる宇宙へとつながります

ちょうど、沖縄に来ていた仲間に、それぞれはまっているものについて聞いてみました。フラダンスにはまっている人、ゴスペルにはまっている人、味噌にはまって、全国の味噌を味わって楽しんでいる人、ハンド・リフレクソロジーでお客さんの笑顔を見ることにはまっている人、など様々です。さっそく、フラダンスを披露してもらったり、ゴスペルを歌ってもらったり、楽しい時間になって、その人々の世界を垣間見ることができました。今まではまっている世界を披露してもらうと、そこから新しい世界が広がっていきます。今まで味わったことのない世界に少しだけ入ってみることができます。

そのときに、もっとその世界を知りたくなれば、スイッチが入って、自分も同じような世界を味わうことができます。人と人との出会いで、それぞれがはまっている世界を紹介できるのです。

今はやっていないのですが、私もかつて恩納村のカルチャーセンターで習っていたベリーダンスを久しぶりに披露することになりました。スマホのＹｏｕＴｕｂｅで検索し

て適当にベリーダンスの動画を見つけて、その音楽で自由にベリーダンス風に踊りました。自然に女性性が開いてきます。他の動画も見て、おしりの見事な動きに感動して、みんなで腰を振り始めて、ますます女性性が開花してきました。

何かにはまることは、エネルギーが強く動き出します。

沖縄への旅で、「ポセイドーン」というニックネームが付いた女性にも、何か踊ったらと促しているうちに、素敵なポセイドーンの歌ができてしまいました。

ポセイドーン、海が大好き〜　ポセイドーン、海に癒される〜
ポセイドーン、海を美しく〜　ポセイドーン、浄化しましょう〜
ポセイドーン、海で遊びましょう〜　ポセイドーン、いつもありがとう〜

これは海をどう思っているかを、好きなフレーズで、いくらでも続けて歌える歌です。

ポセイドーンとは、ギリシャ神話に出てくる海の神様のことです。

大きなフォークのようなものを右手に持っています。それを持っているふうにして、右足も添えて、ポセイドーンのドーンのところで床を踏み鳴らすのです。

素敵な歌ができて、嬉しくなりました。

みんなで輪になって、楽しめる歌です。ひょんなことから、また新しい歌がクリエイトできました。

これから、ワークに活用できます。

今に集中して楽しむと、直感やインスピレーションが湧いてきて、クリエーションがスムーズにできます。

意識を今に一〇〇％使えると、内なる宇宙とつながり、ぴったりのものが創造できるのです。

ポセイドーンは、三・一一のときに、メルマガ号外を発信して、みんなの不安を取るメッセージを届けていたときに、何度も登場しました。

放射能にあふれた海水を飲み干してもらいました。私たちもオレンジとシャンパンを混ぜて、カクテルのミモザにして乾杯しました。放射能は、微量だとかえって、ラドン温泉のように身体にいいのです。

ギリシャ神話の神々は、日本の神話の神々と同じように、ちゃんと実在しています。ゼウスも偉大なる神ですが、今、ゼウスのエネルギーを持った人が大活躍しています。アメリカのトランプ大統領です。

娘の美しいイバンカさんが、愛の女神アフロディーテです。

お二人が、破産寸前の株式会社アメリカを立て直そうと頑張っています。

ギリシャ神話の神々が、お二人を通じて、パワーをアメリカに注いでいます。

私たちは、個人的な夢実現がいろいろできると、公に人助けをしたくなります。そのとき、天が使いやすい人＝天使人《てんしびと》になれるのです。

そのためには、今に集中することです。今に意識を一〇〇％使いましょう！

古屋ネネさんとの対談本『天使とつながる生き方』（マキノ出版）が出てから、天使になってネネさんと講演会をする機会が増えました。

その機会から、自然に「いつもそばにいてくれる守護天使さんの他に、天が使いやすい人のことも天使と言います！」解説するようになりました。

今回それを本に紹介しようとしたら、私の守護天使の桜ちゃんから、「ねぇ、啓子ちゃん、天が使いやすい人のことを天使と言われると、私たちと区別がつかなくなるから、もうちょっと工夫してくれる？」とお願いされて、しばし考えて「天使人」という新しい言葉が誕生しました。もちろん、守護天使の桜ちゃんは、気に入ってくれて、大喜びです。

これから、新しい素敵な言霊として、世に広めていきたいと思っています。

あなたも「天使人」になってみませんか？

天が使いやすい人＝天使人《てんしびと》になりませんか

あなたは、いくつかの夢実現をすでに可能にしていますか？

私たちは、いろんな体験をしに、この世に生まれてきていますが、個人的な夢が叶うと、自然に人助けをしたくなります。

きっと、あなたは、すでに人助けをしたいという思いで、あなたらしい活動を始めているかもしれません。

天がそんなあなたを見て、応援する体制になっていると思います。

思いがけない応援の手が差し伸べられたり、急にすべてのことがとんとん拍子に流れ始めたり、天の応援が始まっています。

そうなると、自然に「すべてはうまくいっている！」状態になっているのです。

おめでとうございます！

あなたは、天が使いやすい天使人になっています。

あなたが肉体を持っているからこそ、天から三次元に光を注入することができます。天の媒介になれるのです。

友人が、今マイホームを創るプログラムにはまっています。いろんな業者さんとの打ち合わせが、みっちり組まれていて、大忙しです。

あるホームメーカーの方々が、あまりにも波動が高くてびっくりしているそうです。社長は秘書をほめ、秘書は社長をほめ、営業マンも上司をほめたたえ、上司も部下をほめて、とてもスムーズに流れて、感動でうるうるするほどだと聞いて、本当にそんな夢のような会社があるのかとびっくりしました。

彼女が探してきた土地に対して、素晴らしい愛あふれる神対応の打ち合わせをしてくれるそうです。最終的には、最高に条件のいい、白バラが咲いているような、波動の高い土地に決まりました。まさに天が遣わした天使人たちです。

会社という組織は、建物ではありません。そこで働く人々の意識の集合体です。従業員の波動が高ければ、素晴らしい会社組織ということになります。

そこでの仕事も波動が高いので、仕事から生み出される創造物も素晴らしい波動のものになります。**波動が仕事をするのです。**

一人でも、恨み、嫉妬の強い人が交じってくると、全体の波動が下がります。

大切なプロジェクトを創り上げるときに、いくら愛で包んでも難しいときには、その人に外れてもらうことが必要になってきます。

自然に自ら問題を起こして、外されていく流れになります。

本当に、すべてはうまくいっているのです。

天使人が多い職場は、愛と笑いに包まれています。明るい雰囲気と希望にあふれています。

どうやったら、天が使いやすい「天使人」になれるのでしょうか？

天真爛漫で、人を喜ばせたい気持ちがあふれていて、素直な心とすぐに行動に起こせる行動力も必要です。パッと動けて、臨機応変に判断ができて、直観とインスピレーションを活用できる人でいることです。

もちろん、行動するためには、経験も大切です。いろんな体験をしていると、判断する力と、行動力が生まれます。

知っているだけでは、実際に動けないのです。

人生でびっくりするようなハプニングが起きて、それをしっかり乗り越える体験を積んでいると、「天使人」になってきます。

だんだんと、自分がどのような行動をとればいいのかがわかるようになってきます。まわりからは、「よく気がつくわね〜」と評判が立ちます。

そこからさらに加速がついて、リーダー的な存在になり、頼られてきます。

責任感が十分出てくるので、安心して大切な仕事を任せることができるのです。

もし、あなたがすでにそのような立場にいたら、ブラボーです！

天が使いやすい「天使人」になっています。


テレビでも、お店やレストランで、「神対応」をしてくれた店員さんのエピソードを紹介している番組がありました。お客さんが困っていると、見事な采配ですかっとするほどの流れを創ってくれて、一気に問題が解決します。

ＹｏｕＴｕｂｅにも、海外の神対応エピソードが出ていました。

アメリカの飛行機に、白人の女性が乗って来て、隣に黒人青年が座っているのを見て、「この席は嫌だわ、他の席に替えてちょうだい！」と失礼なことを言いました。

「お待ちください。機長に聞いてまいります！」とキャビンアテンダントが相談に行って戻ってくると、「ちょうど、ファーストクラスが一席空いていました。お客様に、とても不愉快な思いをさせて申し訳ありません。ぜひお移りください」と言って、白人の女性ではなく、黒人の青年を案内したのです。思わずまわりから拍手がわいたそうです。

素晴らしい神対応に感動しました。

神対応という言葉自体が、素敵です。天使人になって、天とつながった感動的な問題解決ができていることを、表現しています。

さらに、次のステップになると、カウンセリングやヒーリングができるようになります。いろんな相談に乗れるようになります。いつの間にか人生相談を引き受けるようになって、それが嫌ではなく、自然にできて、生きがいにも感じられるようになるのです。

そこから見える範囲が広がって、全体像を見渡すことができるようになります。世界観がぐんと広がる時です。

今にしっかりはまっていると、すべてが見渡せることを実感するようになります。体験から得る感覚です。ここまで到達できると、**多次元的に意識を分散させて、マルチに生きることも可能になります。**

もちろん、時間の密度も濃くなって、仕事効率が上がります。びっくりするような集中力が身についてくるのです。

マルチな能力は、開花し統合していく

集中力とは、決して一つのことだけができることではないのです。いろんなことを同時にこなして、すべてをパーフェクトにできてしまうことも集中力に入るのです。

実は、いろんなことを同時にこなすことは、それぞれがいい刺激になって、それぞれが進化・成長することを助けます。

そんなにいくつも集中できないと思いこんできた人に、ぜひマルチの才能を開いてみることをお勧めします。

それによって、統合の力が出てくるからです。

まるで違う内容のことに、同時にはまって、それぞれ少しずつでもこなしていくと、全部が統合されて、それぞれがうまくいく流れになるのです。

もとは、自分の内なる宇宙からくみ出されている創造なので、何をしてもうまくまとまって統合できるしくみになっています。

例えば、天才的な作曲家のモーツァルトも、明るく軽やかな妻と悪ふざけっこをして、子どものように天真爛漫に楽しんで、そのあと、見事な天上界の音楽をインスピレーションであっという間に降ろして作曲していました。

それを見た宮廷音楽家のサリエリが嫉妬しましたが、なぜ下品なモーツァルトに天上界の音楽が作曲できるのか、理解できなかったのです。

天とつながることに、必ずしも品行方正になる必要はありません。波動とはいろんな角度からとらえることができます。

創造性のエネルギーは、エネルギーセンターで言うと、第二チャクラからあふれてきます。生殖器の場所からオレンジ光線としてドバッと出てくるのです。

性エネルギーがあふれると、創造性も増してきます。

天才的な画家のピカソも性エネルギーがあふれて、若い奥さんをもらって、どんどん絵を描きまくっていました。

子どもを産む力と創造性が共通しているのです。芸の肥やしとは、そのことを表現しています。

大好きな日本の芸術家の岡本太郎さんも、爆発的な創造性を発揮しました。

大阪の万博で、べらぼうな太陽の塔を創りました。他のパビリオンは壊されましたが、見事に残って、さらに内部の生命の樹のオブジェの修復と行方不明になった地底の太陽まで再現されて、太陽の塔が中まで蘇って、またブームが来ています。

若い人々が、岡本太郎さんにはまっています。とても嬉しいです。それほど、太郎さんの作品は、パワフルでいのちの根源を表現しているため、私たちのいのちの根源にまで、響いてくるのです。「いのち輝け！」と作品が叫んでいて、まだまだ自分は創造できる、やれるというその気にさせてくれるからです。

実は、私も人をその気にさせる天才です！　今までの人生を、無謀な選択を繰り返してきて、今があります。そこは、太郎さんの人生哲学と似ています。だから引き合うのだと思います。

太郎さんは、きっと太陽に帰っていると信じています。だから今回の人生が終わったら、ぜひ太陽に行って会いたいのです。

太陽は、表面が二六度で常夏《とこなつ》の心地のよい世界だそうです。ちゃんと、空気も陸も海も人工物も確認されているそうです。それを地球の人々に知らせると今までの常識と違って大騒ぎになるので、NASAは発表しないのだそうです。発表すれば面白いのにと思います。だからこの本で紹介しています。

岡本太郎さんも、天才的なマルチ人間です。自著『人生の創造』（徳間書店）にも紹介しましたが、画家、彫刻家だけでなく、民俗学の研究家でもあり、たくさんの本も出しています。縄文文化の素晴らしさを発掘してくれました。

沖縄の久高島でシャーマン文化も研究されていて、表現が素晴らしいです。テレビに出るようになってからは、「芸術は爆発だ!!」と面白い顔で叫んで、みんなをあっと驚かせました。もちろん大阪万博の太陽の塔は、日本全国の人々に大きな影響を与えました。今も現役で影響を与え続けていることが、べらぼうに素晴らしいです。

第3章で紹介する「カタカムナ学校」が始まって、毎月大阪の高槻に通っているおかげで、太陽の塔の中を見るチャンスがありました。万博が終わってから四八年も経っているのに、太郎さんの「生命の樹」のオブジェは、とても新鮮で、圧倒されました。アメーバや三葉虫から始まって、大きな恐竜やゴリラ、そしてネアンデルタール人までで終わっていて、三三種類のいのちが、らせん状に上につながっていきます。私たち人類がその中に入っていないのが、またびっくりでした。

実は、ネアンデルタール人から私たちは進化してはいないようです。太郎さんもそれを知っていて、一緒にしなかったのです。最近ＤＮＡの八％が異星人のルーツを含んでいることがわかりました。やはり、私たち地球人は、宇宙人から創造されたのです。

私たちは、みんな宇宙人です。わくわく！

一気に宇宙時代に突入です。きっと太郎さんは、太陽系の太陽から来た太陽人です。それで、あんな大きな太陽の塔を創ったのです。納得ですね！

自分から発するオーラが強い人は、太陽のエネルギーを多く持っています。

太郎さんが叫んだように、爆発のエネルギーが内在しているのです。もし、あなたも爆発したくなったら、太郎さんのように太陽人かもしれません。どうぞ、お好きなように爆発してください。私も派手なオレンジの衣装を着て「太陽の女神」で登場して、講演したり対談をしたり、大爆発しています。

ベストタイミングに爆発して縁のある魂さんたちにも目覚めのスイッチを入れる役割、使命を持っていると思います。

今がそのときです。太郎さんのように爆発して、**自分の使命を思い出して、ユートピアへの活動開始です。**

このために、ずっと、生まれ変わって、いろんな体験を積んできたのです。

それを統合して、活躍する時がやってきました。

これからは、私たちの出番です。

好きなことを、好きなように、爆発して創造しましょう！

この道一筋と思い込まないで、マルチにいろいろ手を出して、それをまとめて統合しましょう！

統合にぴったりのアロマ（香り）は、グレープフルーツです。

人間関係の改善にも応援してくれる素晴らしいアロマです。

お互いの違いを指摘して責めないで、認め合って、統合していきましょう！

どんな変わった人でも、認め合うと、仲良くまとまってきます。

違っていいのだという前提がとても大切です。

今までの学校教育のみんなと同じにしようという考え方と真逆です。みんなと同じにしようとすると、個性が反発します。そして学校に行きたくなくなって不登校になるのです。

自然体に反するので、ひずみが出てしまいます。

違うほうが面白いと思えるようになったら、統合へまっしぐらです。

みんなで、個性を認め合いながら、統合して、ユートピアを目指しましょう！

自分が現実世界の創造主

統合からどこへ向かうかというと、それこそ創造の世界です。それぞれが異なる世界観、感性を認め合って、のびのびと創造を始めると、素晴らしい夢のような世界が展開していきます。それこそ、ユートピアの世界なのです。

お好きなように、ユートピアの世界を創りましょう！

私たち一人ひとりが、創造主なのですから、思いでどんどん好きなようにこの三次元世界を創っています。

そのようにして創られた**三次元世界は、まさに仮想世界です。**現実世界ではありません。とてもよくできたバーチャルな立体ゲームのような世界です。

スマホではまっているゲームよりも、さらに精巧にできていて、自分がその世界に参加して体験できる「立体的な参加型人生ゲーム」です。

二〇一八年六月一八日の大阪北部地震のときも、たまたまカタカムナ学校の仕事で高槻にいたので、まさに震源地のど真ん中にいたのも偶然ではありませんでした。自分の偉大なる魂さんが書いたシナリオの通りだったのでしょう！　あの瞬間、いろんなライトワーカーさんたちが震源地にいて、瞬間祈ったので、大きな地震にならずにすみました。ドンと突き上げるように大きく揺れた瞬間、大事なピンクハウスのワンピースを味噌汁で汚したくないと思って、パッと椅子から飛び立って、次の瞬間、しっかりと仁王立ちしていました。その瞬間、がっちりとした男神のスサノヲとつながって、私という肉体を媒介に「おしずまりください～」と祈っていました。

数秒で、本当にしずまったので、ついでに余震のエネルギーも食べてしまいました。揺れたときに不安や恐怖が全くなかったことと、やはり、自分は「ファッションいのち！」なのだとしみじみ感じました。

その次にしっかりと祈りました。揺れが終わったら、揺れで飛んだ一本のお箸の代わりを取りに行って、また朝ごはんをしっかり食べている自分にもびっくりです。なんて冷静なのでしょう！

自分の意識の中では、優先順位が、ファッション、次に祈り、そして食事なのだと確認できました。

ホテルの社長さんが見回りに来てくれて、「エレベーターが止まったので、外の非常階段でお部屋にご案内します」と言ってくださったのに、「コーヒーと大好きなクロワッサンをいただいてからにします」と、自分でもびっくりの反応でした。

何があっても、自分の生き方を決して変えないスタンスです。

ハプニングがあっても、解決したら、そのままいつもの生活を続けていきます。

三次元にいろんな体験をしに来たのだから、できるだけ楽しまなくては、という思いが人一倍強いのだと思います。

このバーチャルな三次元世界は、思いでできているので、それほどがっちり固まっていません。

前に触れたように、**量子力学の世界でも、私たちが観察しない限りはこの世界は存在しない**のです。

光が波でもあり粒子でもある性質がありますが、私たちが観察すると、波が粒子になって、可視的に見えるようになるのです。

観察者がいないと、この世界は存在しない、観察者がいて観察することで、三次元世界が存在するという事実は、実に面白いです。そこに、観察者の存在が必ず必要になるので、本当に**思いの力で、この現実に見えるバーチャルな世界を創っているのです**。

みんなの思いでできているので、かなりゆるゆるです。

それがわかってくると、悩んでいたのがなんだったの、と思えるように楽になります。

本やドラマ、映画や芝居が大好きではまっている人には、三次元世界は舞台だと思うとわかりやすいです。**「人生は舞台」なのです。あなたが主役です。**

それぞれが自分の人生の主人公です。まわりの人々と、お互いに脇役を演じています。

朝目が覚めて、今日の舞台衣装は、どれにしようかしらと思って選ぶと、同じ朝の支度がもっと楽しくなってきます。

テーマを見出すと、もっと面白い選択ができます。

「人生は修行」の世界から「人生は舞台」の世界へ

私は「ファッションいのち」なので、トータルファッションを楽しむようにしています。

ファッションが気に入ったものになると、その日のテンションが上がります。疲れていて、ファッションはどうでもいいと思ってしまうときは、かなりテンションが下がっていて、お休みモードになります。それはそれで休養を取ればいいのです。サナトリウムにいるという設定で、ゆるゆるの部屋着を選びます。

私のマイブームは、生花を髪飾りにすることです。天の舞の庭のハイビスカスや胡蝶蘭《こちょうらん》をカチューシャにとめると、テンションが上がります。そのまま飛行機に乗って、海外まで行ったこともあります。生の花だと思われないようです。

ピンクハウスのアイボリーのワンピースに赤いハイビスカスを髪飾りにして長い髪をふわっと垂らしていたら、ショッピングモールで、店員さんやすれ違う女の子たちに「可愛い～」と言われたことがありました。びっくり！

自分では妖精ファッション、天使ファッションと思って自由に好きなようにしているだけですが、まわりにも影響を与えているようです。

ピエロの恰好をして、愛と笑いの癒しをしているパッチ・アダムス先生に出会って、一緒に中国へピエロの慰問旅行に行ってから、変身して笑ってもらう愛と笑い療法にすっかりはまりました。今では、講演会やセミナーで、変身するのが当たり前になってしまいました。

最初は、スーツからピエロに変身して、笑わせていましたが、最近は逆にマリー・アントワネットからスーツとか、亡き母に創ってもらった太陽の塔から着物に変身など、逆パターンにもはまっています。参加者さんたちの反応が面白くて、やめられません。

単純な笑いは、一気に波動を上げて、悩みを一瞬で忘れる効果があります。

だんだん、本格的な舞台衣装になってきました。

お正月の新春コラボ講演会では、楊貴妃《ようきひ》にちなんで、「陽気妃」になって登場してから、それを舞台の上で脱いで、ピンク龍になりました。

大阪のある企業で、社長さんばかりの集まりのイベントのときの講演会では、太陽の塔の着ぐるみからそれを脱いで、白いスーツになって笑いを取りました。

本当に今でも舞台女優のように、講演会やセミナーを楽しんでいます。

創造を楽しめるようになると、人生は、修行から卒業して楽しい舞台に変化するのです。

そういう私も、過去生ではずいぶんと修行が大好きでした。仏教もキリスト教もしっかりと、飽きるほど修行してきています。

だんだん繰り返してくると、もういいかもと思えるようになって、**「人生は修行」という思いの世界から足を洗って、「人生は舞台」という明るいゆるゆるの世界に移行できるのです。**

この変化は、とても大きくて、人脈も住む場所も仕事も変わるくらいの大変革になることがあります。

色合いもグレイや白黒の世界から、一気にカラフルな楽しい世界に突入します。

今のあなたのファッションが白黒なら、まだ修道女や尼や僧の修行の世界のなごりを楽しんでいます。もし、パーカーを着ていたら、それは修道士のファッションの名残りです。ふわふわの白やアイボリーの服を着てしまうときは、天使だったときの名残りで天使ファッションです。

一気に女性性を解放しながら、波動を上げたいときには、明るい花柄ファッションをお勧めします。花はユートピアの象徴だからです。

天国のイメージは花がいっぱいの世界です。花柄を着ると、天国的な波動の世界に一気に飛べます。

ぜひ、試してみてください。ファッションで、いろんなスイッチが入ります。

黒ずくめが好きな人は、忍者、マフィア、聖職者など、特殊な世界を創造します。裏の世界へまっしぐらです。ファッションをどれに選ぶかで、引き寄せる場面や人が変わってきます。天使ファッションを選ぶと、自然に元天使だった人、今、天使人を頑張っている人を引き寄せて出会うことができます。

ファッションは舞台衣装なので、スイッチが入って、過去生に意識が飛びやすくなるのです。

今は統合の時代なので、いろんな気になる過去生の続きをどんどんこなしています。その時代の民族衣装を着ると、確実にスイッチが入るので、やはりファッションはとても大切な要素になっています。たかがファッション、されどファッションです。

クリニックでもアイボリーのレースのワンピースで、天使ファッションにしたら、最後の患者さんも真っ白のレースのふわふわ天使ファッションで、ハモっていると喜ばれました。天使ファッションにすると、天使世界につながって、天使の応援をもらえます。天使界とのつながりができます。

天使グッズの意味も同じです。**天使を表現するものを自宅に飾ると、それだけで、天使世界とのつながりが自然にできるのです。**

天使ともっとつながりたい人は、ぜひご自分が天使ファッションをするか、天使グッズを自宅のあちこちに飾ってみてください。すぐに安心感と天使を意識した生活に変わります。

人生は、本当に自分の思いで創っています。好きなものをまわりに置くことで同じ周波数の世界とつながれるのです。

人間関係も同じしくみになっています。好きな人とつながっておくと、好きな世界が広がってきます。

話をしていて心地よい人々とつながりましょう！

まずは、自分自身が心地よい波動を発信できる人になりましょう！

人を愛で観察して、本当に素敵だと思えることを相手に伝えましょう！

相手は、自分がこだわって身に着けているものに気づいてくれるだけで、とても嬉しくなって、心地よさをあなたから受け取ることができます。

「天心無我」の境地になる

「天心無我」という言葉は、宇宙の真理を光話《こうわ》で説かれている上江洲義秀先生が天から降ろされて、掛け軸に書かれた、魔法のような言霊です。

私も上江洲先生からいただいて、瞑想ルームに額装して掲げています。「天と心がつながって、無限の我になる」という意味だそうです。

「天心無我」という言葉は、魂の奥まで響いてきます。この境地になれたら、本当の自分、内なる宇宙の根源まで到達することができます。明想をずっと続けて、神我一体になられた上江洲先生を通じて、天からの大切なメッセージです。

天真爛漫であることが、「天が使いやすい人＝天使人」になれると解説しましたが、「天心無我」になれたら、即、天使人です。「無限の我」を感じたいです。

六・一八の大阪北部地震のときは、震源地で大きく揺れても、何の不安もなく、一瞬で「天心無我」の境地になれて、すぐにスサノヲパワーを入れられて、おしずまりの祈りができました。この時の感覚が「天心無我」だと、しっかりと感じられたので、さっそく、二日後の上江洲先生の光話会の前座でお話ができました。

そこの会場にも、「天心無我」の掛け軸がかかっています。**書からもパワーが出て、その周波数を奏でますが、この気持ちが「天心無我」だと一度でも感じることができると、自動的なスイッチが自分の中にセットされて、すっと楽に到達できるようになります。**

とても貴重な体験でした。いつも、皆さんに、「不安がらずに面白がることです！」と講演会やセミナーでお伝えしていますが、地震など災害のときには、「不安がらずに今できることをしましょう！」とこれから伝えていきます。

小さいときから、祈り込んできたので、その習慣がまっさきにするりと出てきました。

とっさのときに、普段の習慣が出ます。特別なことはなかなか出てきません。「特別」ではなく「普段」こそ大切なのです。

普段から天を意識して、心を天に向けていると、自然に無限の我の状態になります。それが「天心無我」です。

この瞬間、自分は何ができるのか？　何をしたら、まわりがハッピィになるのかを常に考えて行動していると、その習慣がいざそのときに出てきます。

最近、皇居のお掃除の勤労奉仕で、初団長を務め、天皇皇后両陛下のご会釈を賜ったときに、まさにいつもの習慣がつい出てしまいました。

天皇さまから、「沖縄のどちらからいらしたの？　離島？」に対して、「沖縄本島の男《おとこ》もいる恩納村《おんなそん》から伺いました！」と答えてしまって、天皇さまが大笑いされて、すぐに皇后さまも大笑いされました。つられて、その場にいた七団体全員が大笑いして、一気に和みました。

天皇皇后両陛下を爆笑に導いてしまったのは、前代未聞だそうです。

ふつうは緊張しますから、とてもギャグは言えません。ところが、日常生活でいつも何とかまわりの人々を笑わせたいと、ギャグばかり考えて笑ってもらっているので、そのまがとっさに出てしまったわけです。

天の舞の住所をすぐに覚えて欲しくて、

「男もいる恩納村、後ろを振り向かない眞栄田《まえだ》に住んでいます」

という楽しいフレーズを生み出して、よく使っているので、染みついてしまいました。

そして、天皇皇后両陛下と初団長としてお話しできる貴重な瞬間のときに、「天心無我」の境地になって、ぽろっと言ってしまいました。

これは、天使人として、お二人を大笑いで最高のリラックス状態になっていただくことが、まさに天意だったのでしょう！ 日々精進していたことが役に立って、本当によかったです。

これからも、必要な時に「天使人」になって、笑いを提供し、祈り続けたいと思っています。

「祈り」と「瞑想」を新しい習慣にしましょう

あなたもぜひ、「天心無我」の心境を味わってみてください。それには、祈りと瞑想を日々の習慣にされることをお勧めします。

前述したように、上江洲先生は、「瞑想」を「明想」と書かれます。明るい響きになって素敵です。私は、今までずっと瞑想という字を使ってきたので、両方使い分けています。

瞑想の瞑は、シンプルに「目を閉じること」を意味しています。

もっと分析すると、目に冥途の冥で、冥は、「暗がり、光がない、闇」の意味です。それを「明るく想う」という字に変換された上江洲先生の発想はさすがに素晴らしいと思いました。

ひたすら目を閉じて、自分の内面を見つめているだけで、明想になります。

明想を続けていると、だんだん自分の中の光を感じることができるようになります。

目を閉じているのに、まぶしく感じるようになったら、かなり自分の中の光とつながってきている状態です。 そのまま続けると、自然に不安がなくなって、笑いがこみあげてくるように変わります。

自分がいい感じに変わってきたと思えるようになります。

しばらくは雑念がどんどん湧いてきますが、それにめげずに、明想を続けていると、自分でも手ごたえを感じるようになります。

そのうちに、光が見えてきたり、いろんなイメージが出てきたり、とても気持ちのよい体験ができるようになります。

そこまでいくと、明想が楽しくなって、はまってきます。疲れたときも明想すると、すっきりして、内なる光からパワーが出てきて、元気になります。

明想は、心が落ち着くだけでなく、体調もよくなり健康になります。

実は、**本当の自分につながるのは、夢の中と明想なのです**。

だから、睡眠と明想が大切なのです。明想が深くなり習慣になると、睡眠が短くても大丈夫になります。上江洲先生のように、明想だけで、睡眠をとらなくても大丈夫になってくるのです。寝つけない人に、ぜひ明想をお勧めします。そのうちに明想から睡眠へ自然に移行して、バッチリになってきます。

明想を続ければ、「天心無我」の心境になって、天が使いやすい天使人になります。

ここぞという大事な場面でお呼びがかかり、とても充実した役目を担うことになります。そのとき、このときのために、いろんな体験をして、自分を鍛え、波動を高めてきたのだと深い感動に包まれます。

ぜひ、明想を習慣にしましょう！

「天心無我」の境地になりましょう！

いつでも天が使える天使人になりましょう！

運命を変えたければ、今のこの瞬間の自分を変えていくこと

上江洲先生の光話を聞いていると、仏教に出てくる言葉、「身口意《しんくうい》」を正すことの大切さを力説されます。

運命を変えたければ、今日のこの一瞬一瞬の今の自分を変えていくこと、「身口意」身＝表現、口＝言葉、意＝思いの三つを少しずつ変えていくことで、意識が変わり、運命も好転します。

啓子流の身口意のおすすめです。

身体の表現は、なるべく派手に明るくオーバーに、楽しく笑顔でいましょう！

言葉は、なるべく言霊を使って、明るく楽しくわくわくしましょう！

思いは、なるべくおめでたく、明るく、面白がって、常に笑いを提供できるようにしましょう！

上江洲先生を紹介してくれた、大親友のパーカー智美さんと一緒に、「『身口意』を正しましょう！」というシンプルな歌を作りました。あまりにもそのままで、ただ繰り返すだ

けですが、一度聴いたら、絶対に忘れないフレーズなのです。

どうぞ、気が済むまで、繰り返し唱えてみましょう！　過去生でお坊様だった方は、妙な懐かしさを覚えると思います。

少なくとも三回唱えると、潜在意識に入って、新しい思い込みになります。

「身口意」を正しましょう〜アソレ
「身口意」を正しましょう〜アソレ
「身口意」を正しましょう〜アソレ

シンプル・イズ・ベストです。

時々、笑い療法の一環として、みんなで明るく笑える歌がインスピレーションで湧いてきます。

笑いが入ると宇宙の真理が潜在意識に入りやすくなるからです。

今、意識した世界を引き寄せ、未来を変えます

今のこの瞬間とは、本当の今のことです。

この今をどんな気持ちで過ごすかは、私たちの自由なのです。**つまらないととらえるか、面白いととらえるか、どう思うかは自由選択なのです。その思い方で、次々と来る未来が変わってきます。**

面白くないと一瞬思ったら、次も面白くないような体験が続きます。

面白い、と感じたら、さらに面白い内容が引き寄せられてきます。

次に何が来るのかは、実は私たちの感じ方次第なのです。

だから、「身口意」の意が大切です。意識がすべてです。

意識するところにつながって、その世界を引き寄せます。

だから、思いが人や現象を引き寄せています。

最初のうちは、思ってから会いたい人に出会うことや、叶えたい夢がすぐには叶わないかもしれませんが、だんだんと思いで引き寄せていることがわかってくると、何かを思っ

たときから、現実を引き寄せるまでの時間が短くなってきます。思った瞬間引き寄せると、さすがにびっくりします。

最近、そのような**「瞬時引き寄せ現象」**が多発しています。私たちの意識が変わってきたからだと思います。

思ったら、即現象化することが多くなったら、きっとあなたは、自分の内なる宇宙の根源にかなり近くなっています。素晴らしいことです。

明想を習慣にしていると、しばらくして、この「瞬時引き寄せ現象」を体験するようになります。多発するようになったら、ブラボーです。おめでとうございます。明想の効果が表れてきました。その調子で続けていきましょう！

すぐに、やめてしまわないでください。せっかく波動が高くなっても、やめてしまうとまた下がり始めます。やはり、日々の生活の中で、いろんな出来事があって、影響を受けてしまうからです。影響を受けなくなったら、素晴らしいです。

安定して、高い波動に保てるようになっても、自然に明想を続けたくなります。明想自体が、とても気持ちがいいからです。

多くの人々と一緒に明想することも、素晴らしいです。

相乗効果が起きて、より大きな渦が力強い波動を創って、その場と空間を清めます。社会全体を心地よい波動にします。もし、機会があったら、グループでの明想にも参加してみてください。

TM瞑想では、グループによる瞑想で、地域の犯罪がぐんと減少したという実験もあります。

私たちの集合意識によって、時空のあり方が変わってくるのです。

私も、日々明想を日課にしています。

序章で紹介した「海の舞」で、時々座禅瞑想会を開いて、二十数名で瞑想をします。地球や世界の平和もみんなで祈ります。とても気持ちよく、波動が高まって、平和の祈りの波動を世界に発信できます。

二〇一八年六月二三日の沖縄慰霊の日に、クリスタルボールとヴォイスヒーリングのコラボで祈りの会をしました。

弟のお嫁さんが、クリスタルボール（水晶からつくられた楽器）の演奏者をしていて、お仲間と一緒に六人で、千葉の柏市から、七個のクリスタルボールを沖縄まで持ってきてくれました。前日、近くの海辺にクリスタルボールを運んで、抱きかかえて海に入れて、浄化したあと、素晴らしい響きを奏でてくれて、五四人で一緒に平和の祈りをしました。

平和の祈りには、聖母マリアの衣装がいいかもと思って、マリアに変身したら、やはり、聖母マリアさまのエネルギーが降りてきて、とても気持ちのいい波動温泉に包まれました。

クリスタルボールの響きとヴォイスヒーリングが見事なハーモニーで、奏でるほうも、歌うほうも、目を閉じて聴いていた参加者さんたちも、リラックスできました。

腰痛や背中の痛みなどで悩んでいた人たちの痛みが消えたと喜ばれました。

音による癒しは、びっくりするほどの効果があります。

音を聴くということは、すべてを忘れて今に集中できます。今に意識が集中できると、そこにすべてが統合されて、バランスがよくなり、自然治癒力が活性化するのです。

いろんな悩みや心配事を忘れて、今に集中しましょう！

そのための音によるヒーリング、明想、祈りは、素晴らしい本当の自分との出会いになります。

本当の自分＝光の根源から、素晴らしい光があふれてきて、自らを癒すのです。本当の自分が自分自身を癒しているのです。自然治癒力の活性化です。ブラボー！

集団になると、さらに一人よりもパワーアップして、素晴らしい光の柱になります。

祈りは、一瞬で天まで届く！

集合意識は、目には見えませんが、現象としていろんなことが起きてきます。

地震や台風なども、大きな意味では、集合意識が引き寄せているのです。

だからこそ、地震や台風が来たときに、**大難を小難にと祈ることは、我という意識が飛んで、大きくまわりの人のために、全体を意識することになります。**

意識が大きく広がって、愛があふれて、自然に愛で全体を包むようなマリア的な祈りができます。

祈りは、魂がとても喜ぶ行動です。

ハートからたくさんの愛を引き出して、愛で祈りの対象を包みます。

個人の病気が快復するようにという祈りは、その人を対象にしますが、平和の祈りは、もっと広く国や地球や宇宙を対象にして、広がります。

意識は祈りで集中しますが、対象が広いと自分の宇宙から大きなエネルギーが引き出されるので、自分も含めて、大きく全体を意識して、無限の意識に近づきます。

このとき、魂さんは、このような意識レベルにまで表面意識が到達できたことを、とても喜んでいます。

「我全体なり、全体は我なり（私は、全体、全部が私である）」

という感覚が味わえるのです。

ひたひたと溶けるように自分がなくなって、万物すべての中に含まれていく感覚。それがたまらなく至福であるということを体感できます。

私は、小さいころから、難病で一〇代後半には死ぬかもしれないと思っていたので、心から祈り続けてきました。

祈ることが生きることでしたので、祈りは人生の欠かせない要素になっています。

便箋の台になっている厚手の紙に聖母マリア様を描いて、色鉛筆で色塗りをしてから輪郭をハサミで切り取ったものを大事にレースのお気に入りのハンカチに包んで、寝る前に開いては、聖書を読んでいました。旧約聖書と詩編と新約聖書を一章ずつ、赤と青の色鉛筆で線を引きながら読んでいたのが懐かしいです。教会には行っていませんでしたが、小学校三年生のとき、クリスマスに母からもらった聖書が私の大切な先生でした。

「神様、ちゃんと勉強しますから、どうか身体のことは、よろしくお願いします。愛深いりっぱな医者になりますから、病気のことは、どうかよろしくお願いします！」

と必死で祈っていました。その祈りは、神に聞き遂げられて、本当に一年三か月の間、毎週一回アロママッサージを受けることで、難病がよくなったのです。それから元気になって、ぐったり疲れ果てることがなくなりました。

祈りは聞き遂げられたのです。

祈りは、神に届いたのです。

それを確認できたのが、海の舞ができ上がったときに、記念講演会として上江洲義秀先生との対談講演会でした。

「小さいころから、難病の症状に悩まされて、薬の副作用にも苦しめられて、必死で神に祈ってきました。一生懸命に勉強して、愛あふれる医師になるから身体だけは元気にしてくださいと」

「はい、その祈りを私が聞き遂げ、その通りにしました」

と上江洲先生が神様のオーバーシャドウをして、笑顔で答えてくださいました。

あまりにもシンプルにズバリの答えだったので、一瞬感動で胸がいっぱいになり言葉を失いました。何度も自殺未遂をして、乗り越えてきたことが、一瞬で報われた瞬間でした。

涙がハラハラと流れました。

ずっと、祈ってきたことが、ちゃんと報われたと確認できたのは、まさに奇跡です。あきらめずに、ずっと精進して、祈ってきたことが現実化を招きました。神様は、見ていてくれた、ちゃんと祈りは届いていたと嬉しくなりました。

それからは、もうおまけの人生です。自分という個の夢は叶いました。これからは、人のために、社会のために、地球のユートピアのために、この身を捧げます。そのために、こうやって、癒しの本を書き続けています。

難病を選んで人生のシナリオに、きっちりと中心に置いたことで、しっかりといろんなことを学んできました。ステロイド剤の副作用のおかげで、安定剤を試しに飲んで、もっときつい副作用にびっくりして、薬ではない方法で癒すという道へ入れたのです。アロマのチカラに感動して、クリニックで治療に活用しています。

今回の人生では、祈りは大切な要素です。祈りや明想を習慣にするために、必然の条件でした。そして、貴重な体験を本に書いて、皆さんにお届けしています。

祈りも明想も、今に集中するための、とっておきの行動です。この二つを真剣に取り組むことが、「今にはまる自分」を創り上げています。

祈り込んできて、祈りが意識を広げて、万物と一つになれる自分があります。

上江洲先生に出会って、宇宙の真理を光話で伺っていると、スポンジが水を吸い込むように、すっと入ってきました。

「我全体なり、全体は我なり」を聞いても、体験の中にしっかりと入っているので、その通りですと素直に受け入れることができます。

もともと、ビッグバンの前は、私たちは大きな光だったのです。個という自分に分かれたことで、分離の意識ができました。

また、これから私たちは根源の世界に戻るために、思い出すことが必要になってきました。今にはまっていると、全体が見えてきます。

祈りによって、全体を感じられるようになりましょう！

自然の中で遊ぶことも「今」に生きるコツ

遊びも大切な、今に生きるコツです。

私たちは、地球に遊びに来たのです。

特に、**自然の中で遊ぶと、宇宙すべてを感じる**ことができて、至福に包まれます。

海や山や川で遊んでみましょう！

子どもに戻って、今に集中できます。ついでに自然を通じて、地球を、そして宇宙を体感できるようになります。パラレルワールドに移行しやすくなります。


沖縄で、「アーススクール」という学校をやっています。

まさに、海や山や川で遊んで、地球を体感する学校です。沖縄という自然に親しみやすい環境を生かして、自然の中で遊びます。

私は自然の中で遊ぶのが、大好きです。アスファルトの上を歩くのは、ゆっくりですが、山道になるとスピードアップします。

アーススクールで、沖縄本島の最北端にあるパワースポット、大石林山《だいせきりんざん》に案内して、大いに遊びます。アシムイの聖なる山に登って、地球の平和、宇宙の平和を祈ります。自然の中での、ダイナミックで楽しい祈りです。

大自然で遊びながら、祈りで地球と、そして宇宙とつながれる場所として、大石林山は、最高です。大好きになって、「大好き林山」とニックネームで呼んでいます。パワフルなカルサイトの鉱山です。癒しの山です。ガンの方が治ったり、子宝がさずかったり、奇跡がよく起きます。

ソテツがたくさん自生していて、波動の高いガジュマルもたくさんあります。

ジャングルに埋もれていたガジュマルや拝み場所を整備して、掘り起こしてくれた喜瀬慎二所長さんとスタッフさんに感謝です。

アシムイという聖なる山を守るために、一六万坪の土地を購入して、ほとんどを手つかずにして、聖地を守ってくれています。

自然の中で遊ぶと、お腹にいる本音の幼心＝インナーチャイルドが喜んで癒されます。本音＝本当の気持ちが表に出てきて、本当にやりたいことを思い出すのです。

いろんな思惑で自分の本音を抑圧して生きてきた人にとっては、大きな揺さぶりになります。本当はこれをしたかった、本当は、こんなところに住みたかったと、次々に本音が出てきて、その波は大きく日常の選択を変えていきます。

自然の中での遊びという癒し効果は、とても大きく日常を変えます。人生を素敵に変えてくれるのです。

海や山や川で大いに遊びましょう！

子どものころを思い出してみてください。

子どものころは、遊びに夢中になって、時間を忘れています。今という瞬間瞬間に生きていました。その感覚を取り戻して、**今に生きる天才**だった子どものときの感覚が戻ると、

今にはまるのが楽になります。そして、すべてが感じられるようになってくるのです。

あなたが好きな自然を、もっと濃く味わいましょう！

私も、大好き林山に行くと、一瞬で妖精になって、自然の感覚で子どもになってガジュマルに登ったり、岩に登ったり、自由自在に動きます。それを喜瀬所長さんが見て、また新たな場所を切り開いてくれます。新たな遊び場、新たな祈りの場が生まれるのです。ここにいると妖精と遊べてユートピアの地球というパラレルワールドにつながります！　インナーチャイルドが元気になって、日常生活に戻っても元気を保てるのです。

祝福の鳳凰《ほうおう》雲が出てくれたり、大きな白い鳥が現れたり、火の鳥のような朱色の妖精が写真に写ったり、水ガメの拝み場所では、水の神様が美しいブルーの光の玉が写真に写ったり、それは美しい緑色の光の写真が身体を包むように写ってくれたりします。

光の写真は、撮る側と写される側が美しく共鳴するときに撮れます。

波動が触れ合うことで創造される、共同作業です。撮りたいと思って、今に集中して生きると、ちゃんと撮れるのです。

粘り強い女性が一眼レフで、必ず天然記念物の鳥、ヤンバルクイナを撮ると決めて、四時間粘って、見事に、つがいのヤンバルクイナが羽つくろいをし合う場面を撮りました。

その写真をいただいて、セミナーで紹介しています。

今にはまると、すべてが見えてくるのです。

私も、大好き林山で、何度もヤンバルクイナに出会って写真を撮りました。

雨の日にヤンバルクイナが出てきてくれます。意識で会いたいと会話をしても、ちゃんと出てきてくれます。

やんばる学びの森で、「私はあなたたちのご先祖さまよ〜挨拶に来て〜」と話しかけたら、翌日のランチのあとに、昼間に姿を見せるのは珍しいのに、門の近くに待機して、目の前を走り抜けてくれました。ちゃんと挨拶してくれたのです。

自然との対話は、今にはまる行動の一つです。

木や葉や虫など、自然の中で、友達のように話しかけてみてください。

自然との対話を始めると、自然にも意識があるので、自然のほうからも近づいてきてくれます。エネルギーで対話が始まる感覚をちゃんと感じることができます。風もないのに、葉が揺れて、「私を記念に持っていってね〜」と美しく紅葉した葉が話しかけてくるような気持ちになって、自然に手が動いて、その葉を拾っている自分にびっくりします。

どんどん自然界と気持ちが通じ合って、楽しくなってくるのです。

木には精霊が、そして草や花には妖精が宿っています。そのことを知って、意識すると、自然に対話ができるようになってきます。

ただ、まわりの自然を丁寧に観察して、意識を向けるだけでいいのです。

ただ、イメージするだけで、つながるのです。自分の住む世界が変わります。

相手にも、この人間はちゃんと存在を認めてくれているとわかると、意識を向けてくれます。こちらにも伝わるように風やテレパシーを使ってコンタクトをしてくるようになります。

いきなり天使と対話が難しかったら、自然界の精霊や妖精たちとの対話から始めることをお勧めします。

はっきり一人ひとりが見えるのではなく、気配を感じるのです。何となくで十分です。

感じた瞬間に、自分と自然が一体化して、溶け合います。心地よいぬくぬく感が広がります。あっという間に、孤独感が一掃されます。

すぐに、ハートから愛のエネルギーが、あふれ出てきます。その愛が、自然界に伝わって、ワォ〜〜ンという感じの響きがこだまのように戻ってきます。

私も、この響きを何度も聞きました。森の中や、岩からも、大きな木からも響いてきます。

自然界から、「確かに愛を受け取ったよ〜」という喜びの響きです。

その響きを何度か体験すると、自然界の色合いがより鮮やかに見えるようになって、まるで視力がよくなったかのような感覚になります。

目に映るものが、より身近に感じ、世界が自分を受け入れてくれている喜びに浸ることができます。今にはまってすべてが見える状態になってきます。

ブラボーです。おめでとうございます。これで、あなたも「人生の達人」になれます。

意識がしっかりと今にはまっているので、あらゆる情報やチカラが使えて新しいアイデアやインスピレーションが湧いてきます。

第三の目も開いて、松果体がくるくると気持ちよくまわります。

集中力がバッチリになります。

集中力アップにいい香りは、ローズマリーです。オレンジと一緒にかぐと、さらに心地よく、インナーチャイルドも癒されて相乗効果になります。

海に癒されて、ゆるゆるに〜

だんだんと、この章の目標に近づいてまいりました。

海の中での遊びもおすすめです。

シュノーケリングやダイビングで、海の魚たちと交流すると、意識が陸から海にパッと移行できて、自分が住んでいる世界をもう一度、感じて受け入れることができます。

海の水は、私たちが母親のおなかにいたときの羊水の成分とそっくりなので、あっという間に胎児の意識に戻ることができて、リセットにとてもいいのです。

海に行きたくなったら、リセットのチャンスです。

泳いだり、足だけつけてみたり、そのときの感覚で、海とふれあってみてください。

海に入るだけで、まず、お腹のインナーチャイルドが喜んで、気持ちよくなります。背中にたまっていた日々の感情エネルギーが、すーっと海水に溶けて、すっきりします。いろんな人間関係のしがらみや執着も、ぷっつりと自然に取れて、さらにすっきり感が増してきます。まさに、生まれ変わるような快感です。

身体も軽くなった感じがします。

私も、ハワイの海で、野生のイルカたちと泳いだときに、あまりにも海の中が気持ちよくて、海の中で生活したい～陸に戻りたくない～と意識が海にはまって、身体から離れて、陸に上がっても立てなくなったことがありました。

へなへなと腰が弱くなって、ちゃんと立てなかったのですが、テレパシーでイルカを呼んで泳がせてくれた女性が目を覗いて、「陸に戻っておいで〜」と話しかけてくれたら、身体に意識が戻ってきました。
しばらく陸の上に暮らしているのが、とても不思議でした。
昔、イルカやラッコだった時代があるので、そのときの意識に戻ったのかもしれません。今は人間なんだ〜と意識がやっと納得して、陸に戻りました。とても貴重な不思議な体験でした。

海や山で、自然に癒されている人は、そんなに悩みを持たなくなります。
「まぁいいか、なんとかなるさ〜」、沖縄語の「なんくるないさ〜」の気持ちになれるからです。

今に生きるには、ゆるゆるな感じがとても大切です。少しでも緊張感があると、過去の出来事を思い出したり、未来を不安に思ったりして意識が今に集中できなくなります。

アースクールでは、ダムや川でカヤックをします。二人で小舟をこぐのですが、自分の位置が水面に近いので、自然と水に直接触れ合って、しっかりと自然を感じることができます。マングローブの林の中で、ゆっくりとすべるようにカヤックを進めると、インディアンだったとき、アマゾンでインディオだったときの思い出がよみがえってきます。

自然と溶け合って生活していた時代が今という瞬間の中に出てきて、とても懐かしくなります。

時々は自然の中に入っていきましょう！

日常のリセットができて、また新鮮な気持ちでスタートできます。

生き方もゆるゆる、お好きなように～

自然の中に、わくわくするものを見つけたら、きっと昔の自分かもしれません。

一緒に遊びたくなります。虫や鳥や動物たちです。蝶々が好きな人は、よく蝶々を引き寄せて見つけます。名前も知っていて、名前を思い出して、言うとますます蝶がお呼びですかと集まってきます。

その中でも、かなり好きになって、いろんな種類の名前も覚えるようになると、それは、昔の自分かもしれません。**私たちは、創造主をしながら、いろんないのちを体験しているからです。**

万物に付けられた名前は、人間が付けてきました。そのいのちの特徴をそのまま表現したものもあれば、何となく付けられた名前もあります。

同じいのちでも、場所によって名前が変わります。

南米ペルーのマチュピチュに行ったときに、クリソコラという青緑色のクリスタルを買おうとして、マチュピチュの人が、ターコイズと呼んでいるので、「これは、クリソコラです」と言ったら、「これは、ターコイズだ！」と名前のことで押し問答になりました。

そこでは、ターコイズと呼んでいてOKだと、気づきました。

名前は、そのものが一致して伝われば、何でもいいのです。

物の名前について、それからゆるゆるになりました。名前とは、通じればいい軽い約束事なのだと思うようになりました。


実は、名前もいろいろで、ゆるゆるなのです。

沖縄は、名前の付け方が、シンプルです。

ハイビスカスのことを、アカバナといいます。赤い花、そのままです。

苦い葉っぱのことを、ニガナといいます。

その特徴をそのままシンプルに表現しています。

人の名前もあだ名でも、ショートネームでも、好きなように呼べばいいのです。

人生のしくみも、仕事も、人間関係も、好きなように変えて、やりやすく、楽しくできればいいのです。

最近、とても便利で、笑いを誘うシンプルな言霊を活用しています。

人にどうすればいいのか、どちらにしたらいいのかと選択を相談されるときに、

「あなたのお好きなように〜〜」

と答えるようにしています。

これは、本当に便利だし、その人が決めないと話にならないので、本当に真髄をついているシンプルな答えなのです。

この世に、好きなことを体験するために生まれてきているのですから、人に決めてもらわないで、自分で好きなように選ぶのがベストなのです。

いつものように、三回声に出して言ってみましょう！

「お好きなように〜〜」

「お好きなように〜〜」

「お好きなように〜〜」

気持ちが、ゆるゆるに、楽しくなってきますね！

人生の主人公は、自分だと再確認できます！

すべての体験は、自分で体験したくて引き寄せているのです！

誰一人、被害者はいないのです。他の人の命令でそうなったのではありません。

人生一切無駄なし、です。


自分の生き方も、ゆるゆるでいいと思います。

ずっと同じやり方が好きだったら、それをずっと続けていくといいです。

変えてみたくなったら、たとえ以前の自分と真逆の行動であっても、大丈夫です。好きなように変えてしまいましょう！

こだわってもいいし、変えてもいいのです。本当に、この世での生き方は、自由自在です。

はまるものも、飽きてきたらやめていいのです。また違うものを見つけて、はまりましょう！　そのとき好きなものを楽しみましょう！

好きだという気持ちを大切にしましょう！

好きなものが、今自分が体験したいものです。好きな人が、今の自分に交流が必要な人です。

実は、この**ゆるゆる感の時空が、天然の世界で、宇宙を包んでいます。**

緊張感は、「これでいいのか、間違っていないか」と正しいか間違いかの正悪の世界にいます。常に自分の言動が正しいかどうかを気にしています。

成功と失敗を気にする世界でもあります。

ゆるゆる感の世界は、判断しない世界です。楽しめればいいのです。

何もとらわれない執着のない自由な世界なので、愛と笑顔と笑いの世界＝おめでたい天然の世界なのです。

この天然の世界では、時空を自由に飛べたり、選んだりできるので、時間も空間も制限がありません。一瞬で動いたり、すれ違ったり、物が移動したりします。

探し物は、大天使ミカエルにお願いすると、びっくりするようなわかりやすい場所に移動して、見つかります。

物は、簡単に移動します。ワープします。

緊張や悩みまで、楽しんでしまいます。あってもあまり長く続かないので、とらわれがありません。

とらわれずに、にこにこしている人の世界は、ゆるゆるで楽しいです。

その人の今は、無限です。直感で選択するので、何が起きるかわからないわくわく感があります。

沖縄ツアーで、雲が重くのしかかっていたので、「みんなでフーッと息を吹きかけて、雲を飛ばしましょう！」と、一緒に息を吹いたら、本当に青空になりました。そうやって、古宇利島《こうりじま》の上空を青空にして、美しい海の色を楽しんだことがありました。

常識の範囲を超えて、楽しんでいます。まさかの展開が、さらに笑いを引き寄せます。

とうとう、この章の最後は、「ゆるゆる」と「笑い」に行きつきました。

ゆるゆるワハハで、生きましょう！

ゆるゆるワハハ！

ゆるゆるワハハ！

ゆるゆるワハハの人生を！

第3章

今ハマっているものこそ、パラレルワールドにつながるスイッチです

――「運命の出会い」は自分で引き寄せられる！

「ハマる」現象は、人生の転機のサイン

前の章で、今に集中する、今にはまる大切さについて解説しました。この章では、同じ「はまる」現象について、好きなものに「はまる」と、その世界にパラレルにつながるという運命のしくみについて解説していきましょう。


あなたは、今、何かにはまっていますか？

それは、憧れの人ですか？

素敵なものですか？

生きがいのある仕事ですか？

それとも可愛くて癒してくれるペットですか？

あなたが今はまっていることは、あなたの人生にとって、とても大事なキーワードになっています。

繰り返しになりますが、私たちは、人生でいろんな対象に意識を向けて、たくさんのエ

ネルギーを注ぎこみます。それが日々の体験として、自分の人生を創り、世界を創り、宇宙を創っているのです。

この三次元では、私たちの思いがいろんな現象を引き寄せ、いろんな体験を味わうことができるのです。

まるで自分の魂との掛け合い漫才のように、私たちは日々、いろんなエネルギーと対話しています。その対話が面白くて、つい笑って聞いているうちに、その世界に引き込まれて、また出会いたくなるのです。

ずっと一緒にいたくなったら、何度も出会い、そのうち人生を一緒に味わいたくなって、同じ空間に長くいることになって、そばにいたくなります。一緒に人生を歩みたくなるのです。

「はまる」という現象は、いろんな要素が組み合わさって起きてきます。

例えば、**「はまる」対象が人の場合は、その人の魂さんと懐かしい過去の思い出があって、その時代のスイッチが入ることで、その時代の流れの続きが始まります。**

あなたの魂が目覚めたとき、本当の出会いが待っています。〝出会い〟は人に限りません。あなたの運命を変えるきっかけになるモノ（服やカバンなどのファッション、音楽や美術、映画、小説などの作品、思想、ペットなどの生き物）、コト（仕事や出来事）すべてを指します。それによって、魂の進化・成長ができるのを魂がちゃんと知っていて、ベストタイミングに引き寄せています。

人との出会いやモノとの出会い、いろんな情報が、自分の世界観に入ってきたときに、大切な働きをするのです。

何か特別な感じがして、**意識がそこに集中するときに、そのことが自然に大きな存在になってきて、いわゆる「はまる」という現象が起きてくる**のです。

まずは、「はまる」ことについて、解説していきましょう！

あなたは、今、何に心が向いて、そのことでいっぱいになり、はまっていますか？

私は今、指揮者のカラヤンにはまっています。はまると、カラヤンの世界がすぐ近くにきます。ＹｏｕＴｕｂｅで、カラヤン指揮のベートーベン交響曲第五番「運命」を聴きながら、この「運命のしくみ」の本を書いています。素晴らしい響きです。心が一気に六次元世界に引き上げられていきます。カラヤンのエネルギーが、ベートーベンがインスピレーションでつながった世界を表現してくれて、そこに導いてくれるのです。実に見事な音楽の醍醐《だいご》味《み》ですね！

インターネットという今の素晴らしい文明のおかげで、無料でいつでも過去の素晴らしい演奏を聴くことができます。進化した文明の応援で、何かに「はまる」ことが楽にできるようになりました。ＹｏｕＴｕｂｅでは、第五番の「運命」が終わると、自然に他の楽曲が出てきて、第三番の「英雄」そして、第九番「合唱付き」を選べます。何かに「はまる」と、その関連のものを探して提供してくれる素晴らしいシステムです。**私たちの魂も響いているので、音楽は直接影響を受けます。**

実は、同様に**宇宙も、私たちが何かに関心を持つと、どんどん関連の現象を引き寄せてくれるのです。**

それが、二〇〇七年から世界に広まった宇宙法則の「引き寄せの法則」で解説されるようになりました。

思ったことを、宇宙は引き寄せてくれています。

そして、「はまる」きっかけは、守護天使がとても細やかに応援してくれています。

私は、自分の守護天使に大好きな桜の名前をつけて、「桜ちゃん」と呼んでいます。守護天使の桜ちゃんが、必要な動画をＹｏｕＴｕｂｅにアップしてくれるので、自然に「はまる」流れを創ってくれています。

もちろん、守護天使を常に意識しているので、天使の世界にもパラレルにつながっています。とても近いです。いろんな世界にはまるのも、もともと魂さんが「人生のシナリオ」

に書いてきて、それを守護天使が読んで、段取りしてくれています。天使の介在も大きいのです。

指揮者カラヤンにはまったのも、パイプオルガンのバッハ作曲「トッカータとフーガ」を見つけて聴いていたら、自然にカラヤンの動画が目に飛び込んできました。「はまる」現象にも、自然の流れがあります。

「はまる」とは、不思議な現象です。引き寄せの力を持って、さらに「はまる」ような流れになっていきます。

そこで、この「はまる」という現象から、「人生のしくみ」「運命のしくみ」を解説してみたいと思っています。

今、あなたが一番はまっているものは何ですか？　それに「はまる」ようになったきっかけや流れを思い出してみてください。今に至る不思議な流れに気づきます。

三次元のこの世に来て、自分の魂さんが体験したい内容が「人生のシナリオ」に書かれています。それを先に予習して読んで、体験のために必要な段取りを守護天使さんが自然にやってくれて、今があるのです。そして、運命がダダダーンと始まります。

いろんな運命的体験をする前に、「はまる」という現象があるのです。

「空海ブーム」で人生が動いた

この本を書き始めたときは、空海さんに、はまっていました。

まさかの空海さんです。なぜ、空海さんにはまったのでしょうか？

きっかけは、『空海－KU-KAI－美しき王妃の謎』という日中合作の映画が来たからでした。『空海』ブームがこの映画のおかげで到来して、偉大なる空海さんという世界を日本人の私たちが引き寄せました。

空海の世界が、一気に近く感じられたのです。

一気に空海を好きな人々、実際に空海さんと過去生で縁があった魂さんたちが、この映画の予告編を見たことで、スイッチが入って、空海さん世界をぐんと引き寄せて、それぞれが影響を受けて、日常も変わってきます。

思い出したように、また四国のお遍路《へんろ》巡りを始めたり、急に高野山に行きたくなって行ったり、古い日本の映画『空海』を見て、北大路欣也さんの空海さんに感動したり、空海さんの本をアマゾンで取り寄せて読み始めたり、いろんなスイッチが入って、動き始めます。

私にも空海さんブームが到来しました。

前にご紹介した上江洲義秀先生から映画『空海』のチラシをいただいて、尊敬する上江洲先生のおすすめならばと、その映画の原本を読みたくなり、夢枕獏さんの長編作『沙門空海唐の国にて鬼と宴す』全四巻を読破しました。

遣唐使として、唐に渡ってからの空海さんの名探偵コナンのような大活躍のあと、恵果《けいか》阿闍梨《あじゃり》から密教を伝授され、日本に持って帰るまでの壮大な話でした。特に最後の四巻目の恵果阿闍梨と出会ってからの空海さんの天才ぶりは、圧巻でした。映画『空海』は、残念ながら前半までの内容でしたが、原作を読んだことで、十分に空海さんに「はまる」ことができました。

そして、思いがけない展開として、苦手だった四次元世界を受け入れられる覚悟ができました。いわゆる**霊の世界の解放を担当しようという気持ちになれたのです。この覚悟のおかげで、さらにたくさんの迷っている霊たちを光に帰すお手伝いができるようになりました。**

空海さんに「はまる」ことで、副次的な大いなるユートピア活動が加速しました。

しかも空海さんに「はまる」前提として、空海さんと濃い縁を思い出しました。

空海さんの姉の息子で空海さんの甥《おい》、智泉という空海さんの十大弟子の一人ではないかと、これまでに、三人の人に言われたことがあります。

智泉は、三六歳で病死してしまい、自分の後を継いでほしかった空海さんがとても嘆いたそうです。一緒に高野山を創ってきた同志です。

私が、空海さんの甥の智泉のエネルギーを持っているせいなのか、幼少期の三歳から、「弘法大師ごっこ」をしていました。同居していた父方の叔母を相手に繰り返ししていました。まさにそのときからはまっていたのです。

座布団に座って、仏壇の絵の弘法大師のまねをして、浴衣の帯をたすき掛けにして、もう一つの座布団に座っている叔母の悩みを聞いて、簡単に答えて、次々にいろんな人の悩みに答えていくという変わった遊びです。

「お悩みは？」

「お金で困っています」

「大丈夫です。何とかなります！　はい、次の方～」

「親戚とうまくいきません」

「大丈夫です。仲良しになります。はい、次の方～」

と、繰り返し、叔母は一生懸命に一人で何人分もこなして、相手をしてくれたそうです。

その優しい叔母は泉家に嫁ぎました。越「智」家から「泉」家へ、まさに智泉です。びっくりのシンクロです。

ちょうど越智家が真言密教だったので、その環境も手伝っていました。

毎朝、お経を唱える父方の祖父の大きな愛に包まれて育ちました。だから、自然に手を合わせる癖があります。信仰深くなったのも、その影響かもしれません。

空海さんに「はまる」きっかけを作ってくださった上江洲先生は、空海さんのエネルギーが濃いです。守護天使の桜ちゃんに聞いてみたら、空海さんのエネルギーを三〇％も持っているそうです。

それで、上江洲先生も書が大好きで、たくさんの美しい書を書き続けています。特に「天心無我」の書が好きです。天から降ろされた、とっておきの言霊だそうです。高野山一二〇〇年祭に特別公開された空海さんの書と比べてみたら、はねるところがそっくりでした。

空海さんは天才的な書の名人で、唐でもその天才ぶりを発揮しました。

特に、日本に帰る前に皇帝に謁見した際、宮殿に飾られた四〇〇年前の天才の書を見事に当てました。皇帝は喜んで、その隣にあった空間に、書を書くように言われました。それまでの唐中の書家が畏《おそ》れ多くて書けなかったにもかかわらず、空海さんは、ふつふつと情熱が湧いて、五本の筆を手、足、口に持って、すごいパワーで見事な書を書き上げたという有名なエピソードがあります。

空海さんの書の天才的な素晴らしさが、上江洲先生にも書として引き継がれています。偉大な魂さんのエネルギーは、光として分光されると、ある部分の特徴が生かされ、引き継がれるのでしょう。

私も、空海さんの甥の智泉のエネルギーを持って、生まれ変わり、上江洲先生に再会したときに、懐かしさとともに、甥のときに病死して教えを引き継ぐことができなかった思い残しを今、果たしています。

上江洲先生が日本中、世界中で、宇宙の真理を説く光話会をしていますが、毎月沖縄で一週間、光話をされるとき、最後の光話の前に三〇分間、私も光話をさせていただいています。二〇一七年は一五分間でしたが、最後の一一月から三〇分になり、その後、四五分になり、そして一時間、太陽の女神の派手な衣装で言霊と祈りの話をしました。ぜひＹｏｕＴｕｂｅの啓子チャンネルを見てください。

上江洲先生との対談本『ほんとうの癒し』出版記念講演会のあとは、楊貴妃にちなんだ変身、陽気な姫の陽気妃として登場しました。上江洲先生から「越智先生のコスプレは、世界一です！」というお墨付きまでいただいています。そして、翌月は、空海さんのような袈裟の姿で、空海さんを熱く語りました。

思い返してみると、空海さんにはまるために、陽気妃の衣装を着たいというインスピレーションが湧くようになっていたのかもしれません。愛と笑いの癒しのために、講演会でコスプレをするようになって、今ではそれが私のトレードマークになっています。後を継いでほしかった空海さんが、甥の智泉に再会したら、まさかのコスプレをして真理を説く精神科医になっていたとは、びっくりされていると思います。

高野山開創一二〇〇年祭にも、もちろん高野山を訪れましたが、奥の院に行ったときに、たくさんの人々でいっぱいなのに、なぜか人払いがあって、ゆっくりと静かに般若心経を唱え、アマテラスのマントラで祈ることができました。

案内してくださった笑い療法の同志、和歌山の麻酔医、西本真司先生も「こんなときに、まさかの人払いですね！　やはり、越智先生は、智泉だったのですよ！　空海さんに呼ばれていますね」と、びっくりされていました。

西本先生とは、二年に一回のペースで、高野山の無量光院で、一泊二日のお泊まりセミナーを五回続けたことがありました。無量光院の土生川《はぶかわ》和尚さんは、高野山をまとめるお役目をずっとされていて、とてもお世話になりました。

一二〇〇年祭のときにも無量光院に泊まりましたが、古かった本殿が新しくなり、ヒノキの香りが素敵でした。ちょうど名古屋でのセミナーや講演会のあとだったので、皆さんに披露した海の舞に飾るためのジュゴンの絵を二枚持ってきて、本殿に朝のお勤めのときにエネルギーをチャージさせてもらいました。

新しい本殿の仏壇に、ジュゴンがなぜか縦に立てられていて、つるりんとした頭のジュゴンちゃんが、まるでお坊様のように見えました。二日間そこにチャージさせていただいたのですが、お坊様たちから「ジュゴン大僧正」というあだ名をもらっていました。

絵が自ら、一緒に高野山へ行きたいと主張したので、持参したのですが、思いがけない展開になりました。土生川和尚さんにもジュゴンの絵をお見せしたら、

「あら、可愛いですね！　お子さんが描いたの？」

「いえ、私が描きました！」

「無邪気で、いいですね～越智先生らしいですね！」と嬉しい感想をいただきました。

今では、ジュゴン大僧正の絵は、宿泊型研修施設の海の舞で、ジュゴンルームに飾られています。

空海さんは、生まれ変わっても書を続け、智泉は、生まれ変わって、絵を描いています。コスプレをしながら、宇宙のしくみや真理をわかりやすく解説しています。

その「人」の影響で人生が新展開！

瞑想と祈りをずっとやってきましたが、もう一人の空海さんのエネルギーを感じる野口法蔵師匠の影響で、自然に座禅も毎朝するようになりました。

猫の花ちゃんまで、座禅にはまって一緒に座るようになってしまいました。本当に飼い主に似てきました。座禅猫です。

沖縄の座禅断食会の主催者が、主催をやめることになり、沖縄での会もなくなりそうになって、思わず手をあげて、主催者を引き受けることになりました。秋と春の二回、何とか続けることができています。食べるという煩悩《ぼんのう》がなかなか取れない私が、まさかの展開です。

座禅することで、空腹感を感じないで、腸がしっかりと働いて、宿便を取るのにとてもいい状態を作り出すことができるのです。

臨済宗の僧侶である野口法蔵師匠からの指導で、続けてこられています。

法蔵師匠は、もともとインドの最北端ラダックというチベット文化が濃く残っているところでカメラマンから僧侶になられたので、宗派を超えた、仏教というひとくくりの大きさを感じます。マザー・テレサに惹かれて、インドに行って不思議な流れで、僧侶になりました。さらには、キリスト教にもつながりが深く、シスターの鈴木秀子先生と深い親交があります。

法蔵師匠は、チベット語もラダック語も話せて、サンスクリット語も梵語もわかります。まさに語学が堪能だった空海のような方です。八％くらいの空海エネルギーを持っておられると感じています。空海は、唐語、梵語、サンスクリット語に長けていました。唐の人々よりも唐語が上手だったそうです。

何より、法蔵師匠ご自身が「はまった」のは身体全体をバタンと前に投げ出すようにする祈りの五体投地《ごたいとうち》です。六一七万回もこの人生で続けてきました。一日一〇時間で一〇〇〇回くらいです。すごいはまり方です。動く座禅のような感じです。

はまった人がはまっているものには、自然に真似をしたくなります。

最初に法蔵師匠と出会ったのが、ラダックへの旅でした。そのとき、ちゃんと伝授される前に、いきなり、激流のインダス川の破れたつり橋の上で、五体投地を始めてしまいました。穴から下の激流が見えて、怖いことこの上ない状況でした。やっと、渡り終えたら、地元の女性がシバを背中に背負っていて、私たちが渡り終えるのを待っていてくれました。

ところが、私が必死で五体投地をしたことに感動してくれて、ぜひ自分の家に来てチャイを飲んで行ってほしいと、思いがけない招待を受けることになりました。また、吊り橋を渡って、せっかく尺取虫のように小刻みに五体投地して渡った橋を戻ることになりました。

でも、五体投地のおかげで、めったに入れない民間のお家に入ることができるという貴重な体験をしました。そこには、主夫をしている夫が子育てしながら夕食の準備をしていて、美味しいチャイも入れてくれました。

ラダックでは、男女の役目が逆転していました。女性がシバを刈りに行って、男性が家を守るのです。男性が家事と子育てをやっていました。女性はたくましく外で働いているのです。しかも頭に生の花を飾っています。花は平和の象徴です。しかも、女性が主導権を握ると、自然に平和になっていきます。

「花の都」と呼ばれるラダックは、まさに平和な社会でした。そこは、あんずの里で、岩の上に美しいオレンジ色のあんずが干してありました。あんずが大好きな人には、パラダイスです。それ以来、乾燥あんずを食べるたびに、ラダックを思い出すようになりました。

「花の都」の習慣である、頭に生の花を飾ることも、とうとう私の習慣になってきました。今、頭に天の舞の庭のハイビスカスを飾るのが日課になっています。

アリが先に蜜を吸いに七匹くらい入り込んでいて取りそこなうと、あとで、

「啓子先生、顔にアリが～」と心配され、大笑いになることがあります。

大好きなエネルギーにはまっていくことで、自分の世界がどんどん楽しく豊かになっていきます。法蔵師匠との出会いは、本当に運命的でした。

人に「はまる」と、その人の影響で、新しい習慣が生まれます。そこから、また楽しい出来事がどんどん起きて、面白い体験ができるしくみになっているのです。

ラダックで、衝動的に法蔵師匠がはまっている五体投地を突然体験してみましたが、すぐに日常生活では習慣化せずに、何年もたってから、空海さんに「はまる」ことで、座禅断食会での講話の中で、五体投地の解説があったときにスイッチが入り、自分も空海さんの話を熱く語ってから、だんだんと日常の習慣になってきました。今では、失った懐かしいくびれを取り戻したくて、五体投地に励んでいます。

「はまる」にもベストタイミングがあるようです。まさに、運命のスイッチです。

知識として、知ってすぐに「はまる」現象が発動するとは限らないのです。時と、人と、場所の三つの条件が整ってから、「はまる」現象が起きてくるのです。同じときに知っても、人によって、「はまる」時期が変わってきます。

「人生のしくみ」を探究し、解説してきたのですが、大切なものに「はまる」タイミングの違いをしみじみと体験から感じてきました。まるで、お酒やワインの熟成を待つかのように、「はまる」タイミングを魂さんは待っているのです。

あなたが今はまっていることは、いつからでしたか？

そして「はまる」きっかけは何だったでしょうか？

同じものにはまっていると、意気投合してとても仲良くなるソウルメイトに出会います。同じ時期に同じものにはまっているのは、魂として、共に成長していく仲間として最適なのです。同じものにはまっていても、それぞれの向き合い方や方向性が違うので、語り合ううちに、心地よい刺激になります。

感性の共通点と異なるところに反応して、お互いの才能の引き出しが開いてきます。

高校生時代に、毎日絵を描いていた私は、クラスメイトから美大を受験すると思われていました。母に「画家で食べていくのは大変だから、医者か弁護士になりなさい」と何度も言われて、結局は医師になりましたが、それからも絵が忘れられずに、油絵を復活させて、天の舞ができるときにアトリエを創りました。

法蔵師匠の奥様、令子さんが仏画家で、仏画を見せてもらううちに、仏画を描きたくなりました。ちょうどそのときに、タイミングよく、友人がチベットから買ってきた癒しの女神の白ターラの仏画を天の舞の瞑想ルームで二か月間、預かってほしいという依頼がありました。パワフル過ぎて、自分の部屋に飾れないというのです。

その仏画を見たときに、美しく派手な感じが、描きたい意欲を引き出してくれました。その仏画をお手本に、描きかけの絵のモチーフが湧いてきました。女神のイメージの絵を描いていたのですが、筆が止まったままだったのです。衝動的に、その絵の上に重ねて、白ターラの絵の模写が始まりました。

それからは、夢中で描きました。しかも油絵ではなく、アクリル絵の具で描きたくなり、画材までチェンジしました。どんどん仏画にはまって、今は仏彫（仏像彫刻）へたどりつきました。

なぜ、私たちはこの三次元世界に生まれてきたのか

本来、私たちは、本質的に光なので、光として五次元以上の世界にいました。

ずっと光っていたのですが、あるとき自分は何なのだろう、光はどんな性質があるのかと、ふと思ったのです。自分をもっと知りたくなって、うずうずしてとうとう大きな光がバーーーーンと勢いよくはじけて、小さな光に飛び散ってしまいました。これが大昔に起きたビッグバンという現象です。

それから、「私」「自分」という個の意識が始まったのです。

もともとは大きな光の存在だったのに、好奇心から自分自身を知りたくなって、「自分を知る旅」に出たのです。それぞれが光の特質を全部持っていますので、たとえ小さな光になっても、思いで創造するエネルギーはちゃんと備わっているわけです。

ずっと光り続けていると、だんだん飽きてきます。この「飽きるという感覚」が刺激的な三次元に来ていろんな体験をしたいという大事な動機付けになります。

この世の三次元は、とても刺激的で面白い世界です。私たちが何度も何度も生まれ変わってきて、思いでここまでの文明を創ってきました。その文明が便利でいろんな体験ができるので、たくさんの魂さんが生まれ変わりたくて、地球の生まれ変わりは、とても人気があります。かなり競争率が高いのです。

特に、日本は安全で、食べ物もいろいろあって、いろんな国の料理も食べられて、家も好きなように建てられるので、日本で生まれ変わって、いろんな時代の続きをするには、最適な環境なのです。

生まれてくるのは、本人の自由意思です。

何を体験するかも、本人の魂さんが決めてきます。すべて覚えたままだと集中できないので、生まれ変わるときに記憶を消してくるのです。だから、表面意識は覚えていなくて、

つらい体験をすると、「どうして自分だけがこんな思いをしなくてはいけないの」と被害者意識を持ってしまいますが、実は、自分の魂さんの選択だったのです。

私たちは、この世で体験したいことを体験します。厳密に言うと、実は一人も被害者はいないのです。様々な体験を通して、私たちは、もっと光り輝くようになり、もっと愛の表現が上手になるのです。

この世での体験の続きは、この世でしかできません。

この世での体験で得たトラウマ（心の傷）は、この世でしか癒されません。

ただ、一つだけ例外があります。臨死体験です。

それを見事に描いた映画があります。『アメイジング・ジャーニー　神の小屋より』です。二〇一七年に封切られたアメリカの作品です。ベストセラーになった本『神の小屋』の映画化です。

主人公の男性が、キャンプ地で、長女がうっかりボートから落ちたのを助けている間に、最愛の末娘を誘拐され殺されて、深く傷ついてしまいます。長女も本人も罪悪感で苦しみ、家族関係もギクシャクするのです。そこへ神からのメッセージが来ます。娘が殺された小屋に来るように、という短い内容です。

本人は悩んだ末、そこへ行って、不思議な体験をします。冬なのに、ひと眠りしたあとに意識が戻ったら、そこは常夏の世界で、小屋も素敵な住まいに変わっていて、三人の優しい人々が現れます。敬虔《けいけん》なクリスチャンの妻がいつも「父よ」と呼んでいる神なのですが、なぜか神の姿は黒人の女性です。この表現がとても粋《いき》で大好きです。あえて黒人でしかも女性を神に選んだのが、「誰でも神になれる」という愛を感じます。

この続きは、ぜひこの映画を見てご自分で味わってください。

最新作の映画『スターウォーズ　最後のジェダイ』にも、初めて登場したヒーローが話題になりました。背が低くて、美人ではないアジア人の女性がヒーローになって、それまでの『スターウォーズ』ファンをびっくりさせました。特にアジアのファンの人たちが喜び、白人を崇拝するファンからは、どんどん本来の『スターウォーズ』から離れていくと嘆く声も多かったのです。でも最初に『スターウォーズ』を創ったジョージ・ルーカス監督からは大絶賛をもらっています。ひとつ前の『スターウォーズ／フォースの覚醒』では、黒人のヒーローが出てきて、白人からブーイングをもらい、多くの黒人から大絶賛を得ました。

世界的に多くのファンがいる映画のシリーズを続けていくときに、変革の流れを創ると、それまでのファンが減ったり、逆に新しいファンが増えたりします。

ファンになること＝「はまる」ことは、意識の変革をどんどん進めてくれて世界観が大

きく広がり、人生のしくみをさらに深く理解することができます。

意識が肉体に「はまる」ということ

もう一つの「はまる」という大切な現象があります。それは、意識が肉体にちゃんと「はまる」ということです。

「えっ、意識が肉体にはまらないこともあるの？」と、逆にびっくりされるかもしれません。人と話しているときに、他のことを考えていて、ぼーっとしてしまうことがありませんか？　意識が今、ここにいないと、ぼーっとして、他の場所や他の次元に飛んでいます。

私も、時々意識が飛んで、セミナー中でも、話が途切れてしまうことがあります。ちょうど、名古屋の過去生療法セミナーで、クリスタルヒーリングのレクチャーをしているときに、意識が突然ハワイ島に飛んでしまって、そのまま残った意識が実況中継したことがありました。

「あっ、今意識がハワイ島に飛びました。火山の女神ペレのところに行っています。今、ハワイ島が大変なので、その応援が必要だったのでしょう！　あっ、戻ってきました。あら、私は、どんな話をしていましたか?」という感じです。

実際に、あとでニュースを見ると、意識が飛んだ時間帯は、ちょうどハワイ島のキラウエア火山が、大爆発をして、九〇〇〇mまで噴煙が上がったときでした。

私の意識の中に、火山の意識が強いので、応援に駆け付けたのかもしれません。

火山の女神ペレの爆発は、決して災害ではなく、地球人への警鐘、目覚めのチャンスを与えています。「いよいよ地球のユートピアへの道が確実に始まりましたよ〜」とお知らせをして、それぞれのユートピア担当地区で、しっかり祈りと行動を起こすことを促しているのです。

ここで、「えっ、火山の意識なんて、あるの?」とびっくりされたかもしれません。

実は、あるのです。

私たちは、人間になる前に、意識の歴史はいろんなものを体験してきています。それは、自分の意識が好きなものを選んで、創造しながら、素粒子からミネラル、土、山(火山も)、岩、石、クリスタル、宝石、川、海、海の生物、植物、両生類、鳥類、動物、そして人間へと、**気になるものにはまって、意識はずっと自然界を創ってきているのです。だから、私たちは、みんな創造主なのです。**

つまり、私たちは、全員「我創造主なり!」と宣言できるのです。

言い換えれば、「我神なり！」です。これは、前述した上江洲先生が宇宙の真理を説いておられる光話の中で、よく出てくるフレーズです。

もちろん、「我雷！」もありです（笑）。「我神なり！」を急いで言うと、「我雷！」のように聞こえます。

実際に、上江洲先生の光話会によく参加される方が、「我神なり！」を早口で何度も言いながら、富士山を登ったら、すごい雷雨になって、それまで雨が降らずに困っていたので、ちょうどよかったという素敵な笑い話があります。宇宙に「我雷！」と聞こえて、「お呼びですか？」と雷さんが登場したのです。

言霊は、宇宙が反応して、発しているそのものを引き寄せています。

広島での「新・人生の癒しワーク」のときに、とうとうパワフルな言霊をみんなで宣言して、よりクリエイティブにそして、世界観が一気に大きくなりました。

それは、「私は創造主です!!」という言霊です。

この言霊を、両手を広げながら、大きな声で唱えるワークをしました。参加者の皆さんの笑顔がどんどん輝いてきました。

あとで、スケッチブックの紙を使って、好きな色を塗って、まるめてお気に入りのクリスタルボールを創るワークで、フーッと息を吹きかけて、創造主のように「あなたは、クリスタルボールです！」という紙＝神技ワークをします。

そのワークの前に、「私は創造主です!!」の言霊を繰り返し言っておくと、意識が創造主になりやすくて、紙技＝神技でできたクリスタルボールが力強く輝いていました。同じワークを東京で半年前にやりましたが、この言霊の威力でさらにパワーアップするのを感じることができました。

あなたも、ちょっと、ここで同じワークをして、このパワフルな言霊を体感してみてください！

この本を置いて、両手を大きくひろげながら、声に出して**「私は創造主です！」**と力強く三回言ってみましょう！

繰り返しますが、三回声に出して言うと、しっかり潜在意識に入って、新しい思い込みになります。

「私は創造主です！」
「私は創造主です！」
「私は創造主です！」

いかがでしたか？　びっくりするようなパワーと光が、自分の中から湧き出てくるのを感じることができましたか？

しっかりと、自分の意識が広がり、強くなるのを体感できます。

「創造主」という言葉に、わかりやすい意味が表現されていて、誰でも言いやすいのです。創造する主なのだと、人生が自分の思いで創っていることと、ぴったり一致して、素晴らしい宣言になり、人生の主人公が自分であることを思い出させてくれます。

特に、私たちは、一握りの権力者たちに、洗脳されて、「自分では何も判断できない」「自分では何も決められない」「偉い人たちの言う通りにしていればいいのだ」と長い間、思い込まされてきました。

もうそろそろ目覚める時が来ています。

そのサインとして、ハワイ島の火山の女神ペレが大爆発を続けてくれています。あれは、災害ではなく、「自然界の目覚まし時計」です。

そのサインに応えるには、しっかりとこの三次元で、自分ができる愛の言葉がけと愛の祈り、そして愛をこめた自分にできるユートピア活動をしていくことが大切です。それが今回、地球に生まれてきた大切な使命だからです。そのためには、しっかりと肉体に意識がはまることが必要です。

実は、**私たちの肉体は、この世で生きていくための器、創造主が創造するための神殿なのです。その肉体にしっかりはまっていないと、活動がスムーズにできません。**

自分の肉体にしっかり「はまる」ことで、いろんな体験ができているのです。

意識が身体からずれると、どうなるか

自分が嫌いになると、意識が肉体からずれます。死にたくなると、もっとずれます。

自己嫌悪が強い人は、あまり肉体にはまっていません。うつになって、死にたくなっている人も、あまり肉体にはまっていません。

「肉体がいらないなら、ぜひ貸してほしい」と地上を浮遊している霊ちゃんたちが肉体を求めて近づいてきます。近づいてきて、ささやくようになると、いわゆる幻聴という現象になります。

意識が肉体からはなれると、光が出てこなくなって、薄暗くなります。いわゆる影が薄いと言われる現象です。

逆に、生き生きと燃えて活動している人は、しっかりと肉体に意識がはまっていますか

ら、光が中からあふれてきて、ぴかぴかに輝いています。

重いうつやアルコール依存症、統合失調症になると、意識が肉体からかなりずれてしまうので、光が出てこられなくなり、薄暗くなって、四次元の霊の世界とつながり、霊ちゃんたちからしっかりと見えるようになるのです。アルコールをもっと飲みたかった霊が依存症の人に入って、体を借りて飲むのを楽しみます。

霊ちゃんが肉体に入ってくると、そちらに光の供給が始まってしまい、霊ちゃんが光に帰る応援をすることになります。

これは、私の代表作の『人生のしくみ』に勇気を持って発表した「光の仕事人」という仮説で紹介しています。この仮説を載せたことで、多くの統合失調症の患者さんやその家族の皆さんから希望の光が射してきたと喜ばれました。

クリニックで、重度のうつの患者さんや、統合失調症の患者さん、そして神ダーリと沖縄で言われる霊的に敏感で、神がかりのような症状の方などに実際触れてみて、意識が肉体からずれていることで、自分の内側の光を提供して、光に帰るお手伝いをしているということが実感できました。

ただはまっていないという現象にとどまらずに、ちゃんと光としての仕事をされているという感動的な側面があるのです。

三次元的には、社会で働けていなくても、見えない世界でしっかりと活躍されていることがわかると、本人も家族も救われます。薬を使わない仕事を続けてきて、この「光の仕事人」を見つけることができたのは、心からとても嬉しいです。

意識が肉体にしっかりはまったら、もちろんこの三次元の世界で活動ができますが、もし意識が肉体にはまっていなくても、四次元世界で五次元世界の光へ帰るための導きの仕事をしていることがわかれば、本当に、人生は一切無駄がなく、すべてうまくいっていることがわかります。

今回の人生で、精神科医として、今の流れの安定剤を使わずに愛と笑いの過去生療法を続けてきて、正直な感想を今回の本で紹介できて、まさに「トキ（時）来り」だと思っています。

もちろん、薬を完全に否定しているわけではありません。興奮した急性症状の患者さんには、安定してもらうために薬を使うことがあると思います。幻聴や妄想が強いときにも和らげるのに必要なときがあります。

薬を飲んでも変化がなく、副作用のほうが目立ってくるときは、もう薬が必要ではなくなっている状態です。必要でない薬が副作用として表現されているのですから、身体が安定剤の減量の時を知らせてくれているのです。

私は、研修医の時代に、患者さんに処方した安定剤は、すべて自分で飲んでみて、実験した体験があります。だから、副作用は詳しいです。身を持って体験しているからです。

薬を中心に治療している精神科医は、ぜひ自分でも服用してみることをお勧めします。自分で体感すると、副作用の症状で、薬の加減がもっと的確にできるようになるからです。

でも実は、自分で体験してみたら、患者さんに薬を処方したくなくなります。こんな苦しい薬を飲ませたくないと自然に思うからです。ガンの専門医が、普通に処方している抗がん剤も、自分でワンクールでも体験したら、患者さんに簡単に勧められないと思います。もっと、身体に優しいガン治療を研究するはずです。

私の場合は、自分自身が副腎の難病で、ステロイドホルモンをずっと飲んできて、ひどい副作用に苦しんだ体験があるので、安定剤を試しに飲んでみるという発想になりました。普通に健康な医師だったら、そんな無謀な発想は思いつかなかったでしょう。難病を体験していたことは、今のユニークな治療をする大切なきっかけになったと感謝しています。

身体を傷める検査や治療は、本来あってはならないと思います。身体に限りなく優しい検査や治療が望ましいのです。それが、本来の自然治癒力を引き出す医療だと信じています。

逆に**自分が大好きで、かつ意識が多次元的に広がると、好きな世界に飛べます**。

肉体を維持できるには、少なくとも二五％の意識が残っている必要があります。あとの七五％は、自分が気になるところに意識を向けることができます。そういう意味では、意識はとても自由に世界を飛び回れるのです。

意識がとても自由自在で、いろんな世界にワープできる友人と、あるとき、ランチでパスタを食べていて、イタリアのアッシジに行った報告を楽しく語って、聖フランチェスコの話をしていたら、同時に二人で意識がアッシジに飛んでしまったことがありました。二人同時にアッシジと聖フランチェスコにはまってしまったのです。

「あっ、今、私たち、アッシジまで飛んで行っているわね〜」

「本当だわ！　自分ひとりで飛ぶことが多いので、誰かと一緒にできるって素敵ね！」

「わー、懐かしいわね！　また大好きなアッシジに来られて嬉しいわ！」

「きっと、私たち、聖フランチェスコと縁が濃いかもね〜」

「そうね〜、シェアできて嬉しいわ〜」

「それもパスタを食べながら思い出のところに一緒に行けるって素敵！」

「本当にありがとう！」

「こちらこそ！」

「そろそろ、戻る？」

「そうね～」

と次の瞬間、二人同時に、沖縄のランチの場所に戻ってきました。意識が完全に肉体にはまって、またパスタを食べ始めました。しばらくの間、フォークでパスタを食べるふりをしながら、パスタと遊んでいたと思います。二五％の意識が身体に残っていれば、三次元世界でおかしくない程度に肉体を維持できるからです。

とても不思議で貴重な体験をしました。これがもっと少しの意識だけで継続できるとパラレルワールドになっていきます。

いろんな世界を同時並行に生きることができます。その感覚が私たちに戻ってくると、自分の意識で選べることができます。

自分の人生は、自分の思いでできていて、自分で決めることで、あっという間に、決めたとおりの世界が新しく展開されていくのです。

もし、多くの人々が、この大切なことを知ったら、もっとこの世での体験がスムーズになってくるでしょう！

思いを変えることで、自分の住んでいる世界がパッと変わるという現象を解説するのに、映画でそれが映像としてできたら素晴らしいです。こうやって本に書いているので、これはいつかベストタイミングに現実化すると思います。

自分の思いで世界を創る

ちょうど、今聞いているカラヤン指揮の曲が、ドボルザークの『新世界より』で、まさにぴったりの響きです。

自分がいる世界は、自分の思いで引き寄せた世界です。

新しい思いで、新しい世界を創ることができます。

新世界の創造です！

日々の生活が人生ですから、朝の気分、どんな思いでスタートするかがとても大切です。

そのためには、自分で気分を持ち上げる朝の習慣を決めておくと便利です。目覚めのスイッチが入りやすいからです。

例えば、私の場合を紹介します。

猫の花ちゃんと桃ちゃんに朝ごはん・コップ一杯の水を飲む・(元気なときは主人と一

緒に庭の花や木に話しかけながら水をあげる＆ワンちゃんたちの世話をする＆花の写真を撮る）・座禅する・ストレッチをする・絵を描く・朝食の準備をする・朝ドラを見ながら朝食・Ｆａｃｅｂｏｏｋにアップする・今日のファッションを決める・朝の支度をする

というような流れをこなしていくうちに、元気になって、テンションが上がってきます。はまっているものが、いくつもあって、それを毎日どこかで触れることができたら、自分らしい一日を思う存分に体験できます。毎日は無理でも、週末に持ってくれれば、それが気持ちを持ち上げるきっかけになって、日々の流れがとてもよくなってきます。

自分が好きなものにはまります。**自分がやりたい体験に導かれるものにはまります。**はまることを楽しみましょう！

天意に沿えば、とんとん拍子にうまくいく

はまることがあると、人生はとても充実してきます。毎日がわくわく集中できて、いつの間にか時間がたっていくのです。

子どものころから、夢中でやってきたことが、そのまま仕事になっていく人もいます。仕事は別で、趣味として続けていく人もいます。

趣味がいつのまにか、仕事にリンクすることもあります。それがいつ起きるかは、その人によって違いますが、とても楽しい流れです。

私も、本を読むことがとても好きで、いつか本を自分でも書きたいと思っていたら、本当にこうやって現実化してきました。三、四冊書けたら嬉しいと思っていたら、三〇冊を超えて、この本が三八冊目で、まさかの展開です。

表面意識がついていけない展開が始まると、それは天の意向が交じってきます。**天意に沿っていることと、自分がはまることに一致すると、天の応援が入って、それは、びっくりのとんとん拍子を引き寄せて、ダイナミックに展開していきます。**

まさかの龍の本の依頼が来て、『龍を味方にして生きる』という本を出しました。龍ブームと重なって、どんどん広まって、嬉しいことに龍のワークも大盛況です。龍にはまる人々が増えてきたからです。

龍のワークには、龍の絵を描いたり、龍が持ってさらにパワーアップする龍の玉創りをしたりのワークも入れました。龍の絵のときは、しばらく皆さん、紙とにらめっこしていましたが、だんだん描きはじめるとスピードアップして、立派な龍が描かれて、それはみごとでした。

龍の玉創りは、さらに皆さんの本気度がどんどんアップして、材料も様々の個性あふれるものがあって、九〇名が夢中で玉創りをする光景は圧巻でした。

前に紹介しましたが、**はまることは、時間の密度が濃くなります。夢中になってできることは、今の自分にとても必要なことなのです。**

自分が何をしたいのかを知りたいときに、夢中になれるかどうかを試してみることも早道かもしれません。

食事も美味しいと感じると、あっという間に平らげてしまいます。まずいと、なかなか箸が進まずに、ゆっくりと時間をかけてしまい、結局は残してしまいます。

趣味で始めたことも、本当に好きになれずに、なかなかはまらず、おけいこにも通いたくなくなれば、それは今の自分には必要ないことなのです。無理に続けなくてもいいと思います。

はまるかどうかは、やってみないとわかりません。

三日坊主という表現がありますが、二日坊主でも、一日坊主でも大丈夫です。はまれない、好きになれないという大事なことがわかっただけでもOKなのです。やり始めたら、必ずはまらなくてはいけないということはないからです。

面白ければ、続けます。さらに続けてはまれば、それはちゃんとした趣味になります。さらに精進して、先生になれば、その道のプロへとまっしぐらです。

そこまで行って、満足すれば、それで一区切りです。まだ続けられたら、それは今回の人生の大切なライフワークとなって、才能として魂に記録されます。

つまり、**「才能＝過去生で体験したこと」**なのです。

才能豊かなマルチ人間は、たくさん生まれ変わって、たくさんの人生で様々な体験を積んでいることになります。いろんな体験を積み重ねての今があるので、才能の引き出しが多くて、いろんなことができて、とても魅力的なのです。

あなたのまわりにも、そのような才能豊かで魅力いっぱいの人がいると思います。その人と何が違うの？

才能が豊かな人は、生まれ変わりが多いのです。

そう思うと、比較して落ち込んでいる場合ではありません。できるだけ、その人からいろんなヒントをもらって、自分もそうなれるように取り入れることです。妬《ねた》んで、嫉妬するのも、もったいないです。その人から遠ざかっていきます。

「あの人は特別よ～」と離れてしまうことは、「はまる」の逆になっています。わかっていても、どうしても好きになれないときは、きっとその人と一緒の時代に嫌な体験があって、その感情が残っている場合です。

はまりたくないと感じたら、昔の感情が残っています。無理にはまらなくてもいいのです。

逆に、異常にはまって、気に入らない面を見つけたら、急に去っていく場合もあります。ファンが多い人は、思い当たることがあると思います。熱烈なファンが、気に入らないことを見つけて、パッと去っていくのは、かつての感情を思い出して大解放したら、その人にはまることをやめます。

それも、潜在意識にたまっている昔の感情解放には必要なことです。特に嫌な感情がなければ、自然にはまることができます。

しばらくの間、その人に穏やかにはまって、いろんなヒントをもらうようにしましょう！十分もらったら、はまるのをやめて、また違う才能＝体験を持っている人に出会って、次に必要なヒントをもらいましょう！

一人の人に深くはまって学ぶのもいいですが、いろんな個性の人にはまって、いろんなヒントをもらうのも面白いです。いいところをつまんでいくのです。まるで食事のバイキングのようです。

これは、偏らずにいろんな面から人生を見るのと似ていて、統合の時代にはぴったりの学び方です。

しばらくいろんな人から学んでいるうちに、自分らしさが見えてきて、自分らしい個性を磨くようになります。だんだん輝いてくると、今度は、いろんな人からヒントをくださいと、あなたにはまる人がまわりに増えてきます。

いよいよ、あなたも誰かがはまりたくなるような、魅力的な人になっているのです。こうやって、順繰りに人生は巡っています。

「はまる」ことは、人生の中で、とても大切な現象なのです。

神代文字カタカムナから「時間のしくみ」を読み解く

ずっと気になって、最近しっかりとはまっているのが、先にも少しふれた古代直観科学の神代《じんだい》文字《もじ》、カタカムナです。

自著『言葉のチカラ』でも取り上げて、そこからカタカムナ研究家の吉野信子先生とのいろんなコラボが展開しています。共通するテーマとして、言霊のワークをやったり、カタカムナのメッカである芦屋神社でコラボ講演会をしたり、せっかくはまったカタカムナを広げたいと、いろんな活動をしてきました。

そして、ついに輝きの年二〇一八年四月から、カタカムナ学校と吉野信子カタカムナ研究会を発足しました。さらなる飛躍を続けています。

カタカムナとは、永遠のいのちの循環を表しています。縄文以前の約四万年前から一万五千年前までの、かなり古い時代にアシア族という人々が、高度な科学技術を持っていました。そのエッセンスが丸十字と小さな丸を組み合わせた、カタカムナ文字によって右回りの渦状に描かれ、「カタカムナウタヒ八十首」として残っています。そのウタヒには、古事記に出てくる神々の名前や、宇宙の真理のエッセンスが織り込まれています。それを現代的に読み解くことで、古代の叡智《えいち》が蘇ってくるのです。しかも渦巻き模様の中心図象と、天皇家が受け継いできた三種の神器と同じヤタノカガミ、草薙《くさなぎ》の剣、勾玉《まがたま》に対応するようになっています。

カタカムナを活用して、宇宙のしくみを知ることができるのです。

カタカムナ学校と吉野信子カタカムナ研究会がスタートしてから、そのあとに、カタカムナが実践で役立つように、皇居の勤労奉仕への流れとなって、直接、天皇皇后陛下のご会釈を賜って、カタカムナパワーを届けることができました。

赤坂御所の奥の森にある、手つかずの茶畑の剪定《せんてい》をしているうちに、ヤタノカガミのような場所に自然に導かれて、中心の鍵を開けることができました。そして、その森からヨーロッパのスピリチュアルな黒い森ブラックフォレストとつながり、日本の平和なエネルギーが伝わる道筋ができたのです。

これは、これから日本が中心となって、地球のユートピア化がどんどん進んでいく流れにつながっていると思います。カタカムナにはまったことで、大きな波に乗ることができて、本当に嬉しいです。

カタカムナで読み解くと、時間は、過去からでなく未来からやってきていることがわかります。そして、実は、未来がなく、過去と今しかないのです。

今までは、ニュートン時間論である、過去から現在、そして未来へと時間が流れる説を信じてきました。

ところが、宇宙映画『インターステラー』に出てきたように、アメリカのマサチューセッツ工科大学の物理学者マックス・テグマーク教授による「ブロック宇宙論」から時間の実在を否定する面白い説が登場してきました。

映画の中に出てくる宇宙飛行士クーパーが体験したように、**四次元立方体の中を移動することで、自由に好きな時間に行くことができる**のです。そこでは、過去、現在、未来がすべて等しく存在しているのです。

まるで、二次元座標のxを時間軸として、x軸上の点を移動することで、自由自在に時間を設定できるのです。テグマーク教授は、

「時間とは、客観的な物理世界に実在するものではなく、人間が生み出した幻想にすぎない」

と言っています。この理論によって、パラレルワールドが解説できると、わくわくしました。テグマーク教授の監修で創られた映画『インターステラー』にはまって、アーススクールでも紹介しています。

まさに五次元世界をうまくわかりやすく説明している映画だと思ったからです。

吉野信子先生にカタカムナ的時間論を伺ってみました。

「物質が変化して崩壊していく速度が時間という概念なので、物質世界にしか時間は存在しません。物質のない世界では、すべての変化がなく、時間は存在しないのです」

今まで過去生療法をクリニックでやってきた中では、時間は今しかないと思っています。すべてが今の中にあるのです。前の今を過去と呼び、先の今を未来と呼んでいる、実は、すべて今の中にあって、時間はないと思って治療してきました。

「時」を思念で読み解くと、「時＝トキ＝統合したエネルギー」で、過去になったという

ことです。数霊は「17＋29＝46　思念表の四六番目の音＝ネ：充電（今）」という思念が出てきます。

「時間」を思念で読み解くと、「時間＝ジカン＝内なる示しの強いチカラ」で、数霊は、「－23＋25＋48＝50：統合する」です。

「今」の思念読みは、「イマ＝伝わるものの受容」で、数霊は、「イマ＝5＋6＝11　ク：引き寄る」です。

今の思いで創る未来は、自分の思いで変わります。

その未来は、一瞬で今になり、一瞬で過去になるので、すべては今の中かもしれません。信子先生から、**すべては今の中にあります**と聞いて、ほっとしました。

本当に、私たちが感じているのは、ずっと今だけなのです。**過去は記憶です。**それに、強い感情が伴うときには、感情も思い出します。**感情を解放すると過去も解放されます。**

過去＝ずっと前の今が気になっている人は、その感情を解放することで、前に進むことができます。

過去のこだわっている感情を解放するために、「愛と笑いの過去生療法」をしてきました。

カタカムナで「愛と笑いの過去生療法」の数霊を計算すると、277で、27＝チ：凝縮、7＝調和で、「凝縮を調和する」、つまり「ゆるめる」という意味になります。凝縮がゆるゆるになって癒されて嬉しいです。277を一桁にしても、2＋7＋7＝16＝1＋6＝7で、やはり調和の意味になります。

ここで、「パラレルワールド」の数霊も計算してみましょう！

42＋31＋24＋12＋7＋12－17＝111になりました。感謝や大御神（オオミカミ）と同じ数霊です。パラレルワールドを意識する世界は、感謝や大御神の世界と一致しています。**意識が高まるにつれて、次元が上がります。次元とは意識の自由度を表しているからです。**

この世がパラレルワールドになっていることが理解できると、急に世界観が変わって、もっと軽やかに、明るい人生に変化していきます。

現在、過去、未来。すべては今、この一瞬の中に

今という一瞬の中に、実はすべてが詰まっています。

今という一瞬の中に、現在も過去も未来もあるのです。

だから、前章で書いたように、今にはまっていると、すべてがうまくバランスよく進み

ます。**今を大切に、すべての感覚をスイッチオンにして、感じているとどの次元の出来事もバッチリです！　今の自分に必要なこと、情報、キーパーソンをゲットできます。**

今にはまれば、大丈夫〜
今にはまれば、楽々〜
今にはまれば、いつでも、未来に、過去に自由自在〜
今にはまれば、誰でも〜
今にはまれば、ハッピィ〜
すべてはうまくいっている〜
多次元的に、大丈夫〜　お好きなように〜

好きなメロディで歌ってみてください。
この世は、面白い「思いの実験場」です。こう思うと、次にこうなるという、思いの結果が次々と創造されて、目の前に出てきます。それが、この世に生まれてきた醍醐味です。「すべてはうまくいっている！」自分の思いが、現実を創って引き寄せていることが、一瞬でもわかると、すうっと、この世のしくみが見えてきて、面白くなってきます。

後回しにしないで、今、思いついたときにやると、今にはまるので、宇宙のなめらかな流れに乗って、すべてうまくいきます。

カニ踊りにして皆さんに伝えてきた、宇宙の真理の言霊、「すべてはうまくいっている！」は、今にはまる最強の言霊です。今という愛があふれて、すべてを含んでいる流れに乗れる言霊の宇宙船です。

「すべてはうまくいっている！」を声に出して今、三回唱えてみてください！

「すべてはうまくいっている！」
「すべてはうまくいっている！」
「すべてはうまくいっている！」

「すべてはうまくいっている！」を潜在意識にしっかりインプットできると、今この一瞬の時間の密度が素敵に変わります。無駄のない動き、最短距離で、最少時間で回り始めます。

とても、お得感満載の魔法の言霊です。

最近、新しく伝えて大好評の言霊が誕生しました。必ず、笑いが出ます。

それは、**「行き当たり、バッチリ！」**です！　バッチリの最後に右手の親指を前にぐっと出します。

これも、今、声に出して、三回言ってみましょう！


「行き当たり、バッチリ！」

「行き当たり、バッチリ！」

「行き当たり、バッチリ！」


これは、万人に活用できます。これから、ますます直観で動くことが大切になってきますので、この言霊が大活躍します。ぜひ、これからの口癖にしてください。何か思いがけないことを頼まれても、これからこの言霊を知っていると、動揺しません。声に出して言ってみてください。まわりの人々にも受けます。笑いが出てきて、この言霊のパワーが広がっていきます。

もう、過去にさんざんいろんな体験をしてきているので、行き当たりでバッチリなのです。すでに過去生で体験済みだからです。

同じことは体験しません。

似たような体験をすることは、今回の人生で、さらに進化・成長が待っています。これがわかっていると、ますます、本番に強くなります。

初めて体験すると、表面意識は思っても、偉大なる魂さんは、すでに過去のデータを引き出して、スタンバイしています。いつでもOKなのです。

とても心強いです。

できないことは、人生にやってこないのです。

これも「人生のしくみ」の大切なことです。できることを体験します。できないことは体験しないのです。いくつかの段階を経て、成功することになっている場合は、続きをします。

何の根拠もないのに、「大丈夫、できる！」と結論が出てくるときは、魂さんからの直接のメッセージで、これを直観と言います。

これがわかっていると、何が起きても、冷静に行動することができます。

二〇一八年六月一八日の朝、「行き当たり、バッチリ！」と「すべてはうまくいっている！」をズバリ体験しました。

大阪の高槻で、二日間のカタカムナ学校の授業が済んだ翌朝でした。ホテルの四階で朝ごはんを食べていました。突然、ドスンという縦揺れがきました。

地震です。ファッションいのちの私は、味噌汁がワンピースにかかってはいけないと、パッと椅子から飛び出しました。自然に、仁王立ちになって、太陽の塔のように、どっしりと構え、スサノヲのパワーを引き出して、「おしずまりください〜」と言霊を発して祈りました。地球を抱きしめるイメージで、愛で包むのです。

小さいときから、祈りを習慣にしてきた私にとって、一世一代の本番でした。本当に数秒で、しずまりました。あのとき、不安がらずに、ここぞとばかりに、祈っていた人たちのおかげで大難が小難にできたと思います。私もその一人になれて、本当によかったです。

祈りは意識の行動です。大きなチカラを持っています。

これからも、いつ何時その時がくるかわかりません。そのときに、不安がらずに祈りに意識を向けましょう。

不安や恐怖に意識が向くと、波動が下がって、祈ることができません。波動を上げて祈るには、冷静になって、愛ですべてを包むイメージを持つとできます。

今に意識がはまっていると冷静になれます。

今ここに意識を向けましょう！

今にはまって、行き当たりバッチリ！

今にはまって、すべてはうまくいっている！

第4章

時空を超えて、思い通りの運命を創る

——大変動の時代、パラレルワールドを活用するチャンス！

素敵な未来をパラレルワールドから引き寄せる

最終章になりました。いよいよパラレルワールドを活用する方法を紹介していきましょう！

さっそく、日常的にパラレルワールドによく行って、活用している友人に聞いてみました。

「どうやって、パラレルワールドに行くの？」

「集中とリラックスよ！　時空間の位置を決めて、呼吸をゆっくりと深くすることよ！

途中で時計を見てしまうと失敗するので、気をつけてね！

パッと時空を決めて、あとはフワーッとリラックス～」とのことでした。

とてもシンプルですね。

集中して、呼吸を深く、ゆっくりして、フワッとリラックスです。

まず、ゆっくり呼吸を何回か練習しましょう！

少なくとも三回は、ゆっくり呼吸をします。繰り返しますが、三回すると、新しい思い込み、習慣になれるからです。

息を吸うときは、必ず「花」呼吸ではなく、「鼻」呼吸にしましょう！

せっかく花が登場したので、好きな花をイメージして、もう一度、ゆっくり吸います。

吐くときは、鼻からでも口からでもＯＫです。

いろんな花が咲く花畑をイメージして、素敵な香りを感じながら、フー、フー、フー、もう気持ちよくなってきました。

ゆっくり呼吸に慣れてきたら、フワッとリラックスです。

そして、途中で時計を見ないように、というアドバイスには、なるほどと合点がいきました。

時計は、一般的な時間の平均密度を表しています。究極は個人で時間の密度が違うので、せっかく自分時間でワープするときに、平均値に合わせると、ワープできなくなります。

なるべく一般の時計を見ないようにしましょう！

第1章の終わりに紹介した、龍首、龍あぐらを覚えていますか？　首がすわる前の無垢《むく》な赤ちゃんに戻りましょう！

楽なあぐらをかいて、首を前に出して、ポカンと口を開けます。

無の境地になれます。


これで、神様の覗き穴を見ることができます。神様の視点を感じることができます。

しばらくこのままの姿勢でいましょう！　完璧リラックスの状態です。


そして**大事なのは、時空間の位置を決めることです。もちろん、それは未来です。**

ずっと、すでに過ぎ去った過去のことに意識を向けていると、未来に思いを向けることができません。

ここで、未来に何をしたいのか、どんな自分でいたいのかをイメージしてみましょう！

楽しく未来をイメージしているときに、ふと過去のマイナスイメージが出てきてしまったら、

「これは過去で済んだこと、貴重な体験をありがとう、フー！」

と言って、最強の「天才バカボンのワーク」をしましょう！

右手で力こぶを作って、三回降り下ろしながら、**「これでいいのだ！」を三回**唱えます。

しっかり潜在意識にインプットされて、新しい思い込みになります。**これでいいのだと決めることで、過去の後悔が一掃されるのです。**

絶対安心の境地になれます。とてもお得なので、ぜひ声に出して言ってみてください。

「これでいいのだ！　これでいいのだ！　これでいいのだ！」

これで、全肯定するパワーが満ちて、パワーアップしたところで、次に引き寄せの力強い言霊を唱えます！

「これから、楽しい体験を引き寄せます、楽しいパラレルワールドをありがとう！」

こんな感じで、さっと楽しい未来に切り替えてしまいましょう！

先に紹介したカタカムナでは、時は未来から現在に、そしてすぐに過去になる、と解説していますが、過去の記憶から抜け出して、未来へと意識を向けることが、日常で習慣になると、自然にできるようになります。

未来志向になりましょう！

過ぎ去った過去をくよくよ後悔するのをやめましょう！　楽しかったこと、感動したことを思い出して、にんまりしてください。

同じような体験を引き寄せます。

何をしたいのか、どうありたいのか、どう思いたいのか、自分の気持ちをチェックして、未来への思いを具体的にイメージできるようにしましょう！

自分で思い描いた通りになってきます。

過去の記憶が強くて、未来がぼやけていたら、また過去の流れのままに現実化していきます。**未来のイメージをはっきりさせることで、過去の記憶に縛られずに新しい思い通りの未来像を創る**ことができて、それが現実化するのです。

わくわくしてきたでしょう？

未来のイメージを、自分の好みのように描くために、普段から好きなものを見たり、探したり、浸ってみたり、実際に触れてみたりしてください。

イメージだけで終わらずに、生の本物に触れるほうが、リアルに引き寄せます。もうすでに持っているかのように、イメージできて、強力な引き寄せパワーになります。

未来を具体的にイメージすること、どの民族の人々も笑顔で、楽しそうに歌ったり踊ったり、食べたり、作ったりしている世界、これがユートピアになっている地球のパラレルワールドへとつながるパスポートです。

あまりにもぼやけていると、宇宙は、前の世界をそのまま引き継いでしまいます。

宇宙法則の「引き寄せの法則」も、実はパラレルワールドを活用していたのです！

きっと、パラレルワールドを理解して活用すると、もっと「引き寄せの法則」を活用できます。

引き寄せ～引き寄せ～パラレルワールド！
素敵な未来を、パラレルワールドから、引き寄せる～
今の現実は、過去に思った結果
未来から新しい楽しい今を引き寄せる～

パラレルワールドに飛んで行ける瞑想法

パラレルワールドに飛び込める瞑想法があるそうです。

「アメリカの修道僧」と言われている、九〇歳のバート・ゴールドマンという方が生み出した、クォンタムジャンプです。五〇年間も瞑想を続けてきた瞑想法の研究者です。

コントロールされた白日夢《はくじつむ》ともいわれています。

もちろん肉体は、そのままこの世にいます。夢を見ているかのような感じだそうです。ゴールドマン氏は、二歳からパラレルワールドへ行っているそうです。瞑想によって、一種の精神的なテレポーテーションが起きるのです。

どんな瞑想法かというと、**自分の人生の中で、大事な選択を変えてイメージしていく方法です**。

私も小さいころに、白日夢で思いを自由にイメージ化して、どんどんエスカレートして楽しんでいました。

空想癖があったのですが、まさかそれが、クォンタムジャンプをしていて、パラレルワールドへ飛んでいたとは、びっくりです。

窓ぎわのトットちゃんのような人は、みんな楽しくパラレルワールドに飛んでいることになります。

私の小学生時代は、校庭にある大好きな木をじっと見ているうちに、パラレルワールドへのジャンプが始まりました。

大好きな妖精たちと遊んだり、天使世界に行って、大好きな龍や天使たちと飛び回ったり、白鳥になって空を飛んだり、ユニコーンやペガサスと遊んだり、ジュール・ベルヌの地底探検旅行を映像化したり、そのままシャンバラの世界を探検したり、シャンバラから宇宙船に乗って、太陽系以外の多次元宇宙を旅したり、大好きな龍に乗って、いろんな次元をびゅんびゅん移動したり、やりたい放題でした。

いつのまにか、授業が終わっていましたが、パラレルワールドへのジャンプはエンドレスでした。

それが毎日の生活だったのです。

今思い出して、だから大人になって今ごろそのことを本に書いているのだと納得しました。

龍の本の依頼があったときにも、癒しの本ばかり書いてきたのに、なぜ私に、と思いましたが、小さいころから龍と遊んでいたので、書いているうちにいろいろと思い出して、楽しく書けました。

今回も「どうして私が専門家でもないのに、パラレルワールドの本を書くの？」と思いましたが、最終章のここまで何とか書いてみて、「あっ、ゴールドマンさんと同じように、二歳から自由にパラレルワールドに行っていたのだわ！」と気づきました。

人生は自分が乗り越えられない内容をセットしていないので、これも自然の流れだったのです。

私は、自分が思っている以上に変わっていて、面白いのかもしれません。自覚がないだけです。本当に笑えますね。

ゴールドマン氏は、クォンタムジャンプで別のパラレルワールドに行ったら、自分がカメラマンをやっていたそうです。職業まで違うなんて面白いですね！

本当にパラレルな仕事です！

私も夢の中で、パラレルな仕事をしています。

前にも触れましたが、日本に生まれ変わる人々のオリエンテーションの講師です。これは持続的に、ずっとやってきているので、あの世での仕事、まさに天職そのものです。ひとクラス五〇名です。ほどよい人数です。

時々、オリエンテーションで今の地球の様子と日本の様子を解説しているシーンが生々しく思い出されるのですが、あまりにもリアルなので、びっくりです。

夢の中と明想中が、本当の自分に会えるときだというのは、体験的に信じられます。

瞑想をずっと小学生のときから続けてきていますが、明想の達人である上江洲先生に出会ってからは、明想という字を使うようになってきました。

英語は、ｍｅｄｉｔａｔｉｏｎなので、どちらでもいいのですが、明るいほうが、自分の根源の光から明るい光がさしてくるような感じがして、素敵です。

さらに、夢の中で、ヒーリングの仕事をしています。

今まで診療した患者さんをまわって、ヒーリングが必要な方にヒーリングをしています。

何と素敵なヒーリングのアフターケアでしょう！

さぁ、ここで、あなたもクォンタムジャンプを体験してみましょう！

今、自分のまわりにある好きなものを見つめて、ボーッとしながら、自分の人生を振り返ってみて、大切な選択のときを思い出します。

そのときの選択肢で、**選ばなかった選択をもししていたら、どうなっていたかをずっと追いかけて、イメージして止まるまで、やってみる**のです。

それをやってみると、「ああ、こちらの選択でよかった」と納得できるときと、「あっ、別の選択も面白かったかも」と思うときもあります。

面白いと感じたら、その世界をキープします。

ゴールドマンさんが、写真家をしている自分がいたというパラレルワールドを体験したように、あなたもその世界を創造できたので、また夢の中や瞑想で行くことができて、今の自分にもヒントになるので、大切に取っておきましょう！

私は、もう一人の自分として、宇宙のアーティストのパラレルワールドがあります。岡本太郎のように岡本太郎子として、大きな宇宙的オブジェを創ったり、広大なカラフルな絵を描いたり、フワッとした軽い美しいファッションを創ったりと、最高に楽しくてダイナミックなパラレルワールドです。もちろん、大好きな妖精や天使もいます。

あるいは、**今の時点からスタートして、これから好きなように、どんなふうに選択していくかを楽しんでイメージしていきます**。それがパタッと止まるまで続けてみてください。

これが未来をイメージして、**未来を自分の思いで創っていく流れに自然になっていきます**。

あなたも、リラックスできる場所で、ゆったりと好きなように、好きな世界へパラレルワールドの旅を楽しんでみませんか？

とっても仲良しの大親友が、何とお風呂の中で、いろんなパラレルワールドへ飛びまくっています。一時間以上かけて、大切なリラックスタイムです。家事からも電話からも解放されて、自分自身だけの時間と空間です。

お風呂で一番思っているのが、上江洲先生の宇宙の真理だそうです。そして大好きな緑の星、エササニに行って遊んでいるそうです。私もエササニが大好きです。

すぐにエササニとチャンネルが合って、緑の草原を走ったり、踊ったり、ブランコしたり、とても楽しい世界です。フランスの映画にもなりました。『美しき緑の星』です。あまりにも気持ちのいい世界に浸っていると、三次元を忘れてしまいます。

時には、身体を洗ったのか、シャンプーしたのか、顔を洗ったのか、覚えていないほど、素敵なボーッとする世界へ飛んでいくそうです。

パラレルワールドへのワープは、イメージとして潜在意識にインプットされて、ちゃんと日常にも役に立つようになっています。たくさんリラックスして心も身体もゆるむと、次の日も素敵な体験を引き寄せます。

私はカラスの行水タイプなので、あっという間に出てしまいますが、まさかのお風呂の中で、いろんな世界に意識が飛んでいけるとは〜びっくりしました。

あなたは、いかがですか？

お風呂があなたにとって、最高の癒しの場、リラックスの場だったら、パラレルワールドへ意識が飛べるかもしれません。

いい湯だな〜アハハン！

ナイスポカン！

パラレルワールドへＧＯ！

これからの大変化への対処法として

二〇一八年は、五月三日からハワイ島の火山の女神ペレが噴火してから火のエレメントの大変動が激しく起きています。これを書いている七月末になってもまだペレが激しく活動していて、燃えに燃えています。

日本でも猛暑がひどく火のパワーが猛烈です。かえって南にある沖縄の気温のほうが低くて、びっくりです。海風が吹いているおかげです。

地球の地軸が変化している影響だと思います。カナダのイヌイットたちの話によると、地軸が動いているようです。だから太陽がいつもと違う位置から出ています。世界的な異常気象もそのせいかもしれません。

六月一八日の大阪北部の高槻を震源とする地震があり、高槻の断層は全く動いていなかったという不思議な現象がありました。そのあと台風七号の流れで西日本に豪雨が続いて大変な被害を受けました。

激しい水の大変動です。河川の砂を取ってはいけないという不思議な条例のおかげで川底が浅くなっていて、それですぐに洪水になったそうです。自然な現象と人為的な現象が入り交じって、混沌の世界に突入しています。

この混沌の中をどう乗り切っていくかがこれからの課題です。

火と水とで、カミ（神）でもあります。

パラレルワールドを活用して、乗り切りましょう！

一気にユートピアの地球が実現しているパラレルワールドへ飛ぶしかありません。そのためには、みんなで祈りと明想を習慣にして、ユートピアになっている地球を強くイメージすることです。

みんなで強く確信して思えば、その世界が濃い存在になります。

それには、どう思いこむかです。

病気になったりトラブルが起きたりして、自分にとって悪いことが続いても、浄化だと思うと、禊《みそぎ》を受けている気持ちになって、特に修行を過去生でやってきた魂は、平気に感じるようになります。

どんなハプニングでも、まずは受け入れて、

「そう来ましたか？」

「さて、この状況で、これをどう解決しましょうか？」

と冷静に対処して、決して不安や恐怖で自分の波動を下げないようにします。

ハプニングをゲームの延長だと思って、楽しんでしまいましょう！ ゲームが大好きな方は、スマホゲームでぐんぐんと勝ち取ってきたのは、この本番のための練習だったのです。すべてに意味があって役に立ちます。

先日、台風一〇号が沖縄を直撃すると大騒ぎになって、台風対策をしましたが、ちょうど海の舞でヒーリングセミナーが予定されていたので、ここは確固として実行するパラレルワールドを強く意識して、そちらに飛ぶと決めてみました。

前日の主人とスタッフの打ち合わせ兼夕食のときに、「もし直撃したら、すでに本土から到着して海の舞にお泊まりの四人の方々に特別ワークを考えたら」と主人からまっとうな提案がありましたが、「私は、必ずヒーリングセミナーをします！　そう決めています！」と頑固に言ってしまいました。主人はあきれていました。でも信じ込んで祈りました。

そして、翌朝、外は青空で風はなく、素敵に晴れて、ちゃんと予定通りにセミナーを開催しました。台風一〇号は、まるで真っ二つに割られたように弱くなってしまいました。台風どころか、何もなかったかのような不思議な天気にあっけにとられた感じです。ヒーリングセミナーでは、**「天気と時間は、個人的です。いかようにもなります。そう思うことです」**と解説しました。天気予報を信じないで、こうあってほしいというイメージを信じましょう！　そうなってきます。

参加者のみなさんから、「すごいですね！　本当に台風が消えてしまいました。びっくり！」と、台風が直撃しないで弱まって去っていったという素敵なパラレルワールドを大いに楽しみました。

思いつく限りの、あの手この手の祈りと明想をしました。

スサノヲ様にもお願いしました。高槻の地震を弱める祈りが通じたので、その流れで、ちゃっかりとまたお願いしたのです。

もちろん、大好きな龍たちにもしっかりお願いしました。ちょうど、この本を書いていたので、パラレルワールドを活用できて、シェアできるようになりました。

本に書きながら、その内容を実践して、ちゃんと実証できて、とても嬉しいです。体験主義なので、このような体験的な流れが大好きです。

今は台風一二号が被災地を直撃しないように、弱くなるように、祈りと明想をしましたそして、実際にあまり被害がなく弱まって通り過ぎてくれて、ほっとしています。

天気だけでなく、時間も変容して、内容盛りだくさんでたくさん話しても、時間の密度が濃くなって、ちゃんと予定通りに終わるようになりました。

「私は創造主です！」のワークを思い出してください。

それは、確実に毎日の生活に活用されます。

思いによって、毎日の生活が創造できて、それが人生を創ります。

私たちは、何も考えないで、いろんな思いを発信しています。一日に六万個くらい思いを出しているそうです。すごい数ですね！

その思いの集積で現実が創られています。私たちがみんなで思った集合意識が社会全体の出来事を創っていきます。最近たくさんの災害が起きるのも、集合意識から起きてきます。自然に起きることはまれです。だからこそ。それをまた**多くの人々の祈りや明想で小難に変えることが可能なのです。**

意識は、自由自在なのです。

今まで、自分は無力で、強い人に従うのがいいと思い込まされてきました。だから強いものに影響されやすかったのです。

これから私たち一人ひとりが創造主なので、自由に思って自由に好きな世界を描くことができます。だから「思い描く」という表現があるように、**これから一人ずつが自分の人生の主人公で、創造主であるという新たな自覚を持っていけば、あっという間にユートピアの世界を創ることができます。**濃いエネルギーのパラレルワールドが現実化していきます。

そのためのこのパラレルワールドの本です。

軽やかに、わくわく世界へ移行しましょう

カタカムナの研究家、吉野信子先生に、「カタカムナから見たパラレルワールド」について伺いました。

簡単に言うと、今という時間には「現在」というすでに起こってしまった「現実（過去）」があります。そして同時に、その現実を観たり、感じたりしながら揺れ動く心の中には「今」という思いの世界が存在します。

つまり、**私たちは、現実という過去と、思いという今が、同時に存在するパラレルワールドに住んでいる**のだそうです。

やはり、今の中にすべてがあるようです。よかったです。

パラレルワールドを軽やかに受け取ると、軽やかにワープできます。難しいと思えば、とても難しくなるのです。自分が思ったように、そのまま展開していきます。

私の得意技は、難しそうな宇宙の真理をシンプルにわかりやすく解説することです。この本もパラレルワールドという難しそうな題材を選んで、チャレンジしています。何となく、理解できたら、とても嬉しいです。

もっと楽しい世界が隣に存在していると思ってください。

今の世界にちょっと飽きてきたら、そちらの世界に移動しましょう！

そのとき、わくわく楽しい気分になったら、きっとそちらのパラレルワールドに移動できています。

わくわくしてきたら、「やったー　移れた」と思いましょう。

人生はすべて思い込みなので、そう思えばそのようになります。

さらに、苦手な人がどんどん自分の世界から消えていきます。面白い人々だけが残っていくのです。

まわりの環境が、自分の好みの世界になってきます。

もうなっていたら、かなりいい線、行っています。

その調子で、楽々コースを選んでいきましょう！

本当に幸せいっぱいで、どちらに転んでも、すぐに立ち直れるようなルンルンの気分になります。

いろんな悩みをパラレルワールドが解決する

編集者さんから、悩み別のパラレルワールドの活用方法をぜひ、とのことで、お題をいくつかいただきました。

せっかくなので、それぞれについての解説をしていきたいと思います。

❶イヤなこと、つらいことを忘れる

イヤなことやつらいことは、三次元のこの世だけにしかありません。

あの世、もとの光の世界には存在しないこと、つまり、この世だけにあって、体験できる貴重なことなのです。

この二つは、逆に大好きなことや楽しいことをよりはっきりと気づかせてくれたり、思い出させてくれたりします。

イヤなことやつらいことは、せっかくこの世に生まれてきてできる素晴らしい体験であることも知っておいたほうがいいです。あの世に帰ったときに、「イヤだってどんな気持ちなの？」「ねぇ、つらいって、どんな感じなの？」と質問ぜめにあうと思います。それくらい貴重な体験なので、それを体験してきた人は、あの世では、ヒーローなのです。

大切なのは、イヤなこと、つらいことは、すでに体験した過去のことを言っています。すでに過ぎ去ったことを自分がイヤだとか、つらかったとか感じただけにすぎないのです。つまり、今からその体験を貴重な体験だった、そのおかげで自分は成長できたととらえると、もうイヤという感情も辛いという感情も消えているのです。おめでとうございます。

この時点で、すでに、イヤなつらいパラレルワールドから、貴重な体験をして成長した素敵なパラレルワールドにワープしています。よかったですね！

つまり、**過去の済んだことは、自分がそれをどのようにとらえるかで、簡単に素敵な世界に移行できる**ということです。

❷加速度的に夢を叶える

これは、引き寄せる力を強くするのが手っ取り早いです。それには、夢実現のパラレルワールドを引き寄せるのが最短です。

すでに夢が叶っているイメージを具体的にクリアに描いて、確信的に思い込むことです。

あの手、この手で、祈り倒すのもありです。

パワーを使いますが、本当に夢は叶います。あきらめないこと、信じ込んで疑わないことです。

無理だと思っていると叶わないので、大丈夫だと信じ込んでください。おめでたい天然になりきることをお勧めします。

天然とは、どんな環境でもおめでたく楽しく過ごせる状態です。

自分から発する光＝オーラでいうと、マゼンタ色（ピンク紫）の光を発しています。ちょうど、私も髪の毛をマゼンタ色にマニュキアしています。とても気に入っていて飽きないので、ずっと一〇年以上そのままです。

そういえば、マゼンタ色は、天然の色だったと、あとから思い出しました。

天然でいると、まわりに振り回されません。我が道を行くので、やりたい放題し放題です。我がままではなく、あるがままなのです。この状態になってしまうと、本当に質問の通りの加速度的に夢が叶ってしまいます。

自分の思いが本音、本当の気持ちのまま表現しているので、宇宙が気持ちよく味方になってくれて、さくさく気持ちよくやりたいことがどんどん叶っていきます。

例えば、クリエイティブスクールで自分がデザインした打ち上げ花火を半年後の自分にご褒美で打ち上げたいと思いましたが、誰もがそんな夢のようなこと無理でしょうという反応だったのに、ダメ元で沖縄の花火師さんに掛け合ったら、ＯＫが出ました。

自分たちがデザインしたそれぞれ微妙に違う打ち上げ花火を五〇発打ち上げることができて、自分たちへの素晴らしいご褒美になりました。

花火師さんが、「もうデザイン花火は無理です」と言われるまで、八年間も夢が叶い続けました。大満足です。

自宅と一緒のクリニック、アロマのマッサージ室、そしてアトリエと明想ルームが欲しいと思ってその夢が実現した状態のパラレルワールドを具体的に色や素材や形まであありと見えるようにイメージしていたら、本当に天の舞ができて、一気に叶いました。

あきらめないで、夢は叶います。信じ続けてみましょう！　思い続けてみましょう！

それをまわりの人々に語りましょう！

どんどん濃いイメージになって現実化します！

❸ 短期間で最高のパートナーと出会う

これも短期間でと速攻で最高をねらっていますから、ウォーミングアップなしの本命に直球ということです。スピードが勝負なので、もちろん祈りと明想は欠かせませんが、三次元的にも準備することはたくさんあります。

これは、イメージだけでなく、現実に、まず、ベッドはクイーンサイズかキングサイズを買います。お気に入りの食器をペアで買います。もちろん、洗面所には、歯ブラシが二本とコップも二個用意します。タオルセットもペアです。すべてパートナーがすでにいるかのような生活をすることです。

すべてが一人住まい用では引き寄せられません。一人で完結してしまうからです。

二人で暮らすようになっているという、素敵な演出が大事です。

つまり、**二人で生活しているというパラレルワールドを創り上げる**ことです。

この方法は、私自身が実践して大成功でした。

一人でいるほうが楽ならば、それはそれでＯＫです。今回の人生は一人を楽しみましょう！　それを見極めることも大切です。

❹職場の不満があっという間に消える

職場の不満があっという間に消えたら、最高ですね！　でも、職場でのゲームと考えたら、逆に面白くなくなりますね。

職場を「自分磨きの道場」ととらえると、世界はあっという間に変わります。

実は、職場で、いろんなことが起こるから、そこにいるメンバーが磨かれて、才能が伸びてくるのです。悔しかったり、怒ったりすることで、もっといい方法を生み出して、才能を発揮します。

職場は、自分磨きの場、才能開きの場として、最高の場所なのです。

職場で、人間関係の学びと技術そのものの学びがあります。どちらも、素晴らしい進化と成長が得られます。仕事という体験から、様々なことを学んで、自分がもっと素敵になれるのです。

そして、**職場に必ず自分を鍛えて磨いてくれる「黄金のタワシ」さんがいてくれます。**厳しく何度も注意してくれたり、エネルギーを使って怒鳴りながら、技術を教えてくれたり、なかなかのパワフルなソウルメイトです。

最初は、その人が苦手かもしれませんが、確実にその人のおかげで磨かれています。貴重な脇役の方です。

「黄金のタワシ」さんだったのだと思うと、やっと感謝がこみあげてきます。

あなたが、技術を習得できたときに、その人は消えます。うるさく注意しなくなるか、他の部署に異動になります。職場の不満がすっと消えていきます。あとには感謝だけが残ります。

あなたの職場にも、「黄金のタワシ」さんがいますか？

あの人だと思ったら、そっと手を合わせて、「私を磨いてくださって、ありがとうございます」と感謝のエネルギーを送りましょう。きっと相手にも届いて態度が柔らかくなると思います。「プラチナのタワシ」さんに変貌します（今回の本で、初めて「プラチナのタワシ」さんの登場です）。


感謝を送ると、磨き方が優しくなるのです。

❺親子関係、夫婦関係の悩みに奇跡が起こる

親子関係や夫婦関係は、人間関係の中でも一番悩みが多いです。それが精神性を高めて魂を成長させるのに最高のプログラムです。

特に**「子どもが親を選んでくる」**といううびっくりの人生のしくみを知って、深い感謝に包まれたときに、すっと親子関係に奇跡が起きてきます。

私たちの魂はいろんな体験をするために地上に降りてきていますが、その体験をするのに、今回の両親を選んできたことが最高の条件だったのです。

さらに夫婦関係については、夫婦が過去生で逆転していることをクリニックで過去生療法による人生の謎解きをしてわかったとき、しみじみと今回の人生で悩みがチャラになるのを感じます。

ご主人が亡くなって、愛人への手紙が見つかって、嫉妬に燃える女性が来院したときに、過去生で男女が逆の夫婦で、今回のご主人以上に自分が女遊びをして妻を寂しがらせたことが過去生療法でわかって、アチャ〜という声を出したあと大笑いになって悩みが吹っ飛んでしまいました。

今生の関係性だけでなく、時間軸を広げて、過去生での関係性を知ると、悩みが悩みでなくなって、大爆笑で消えます。

面白いです。**大爆笑になってしまう世界がある**わけです。これもパラレルワールドなのかもしれません。大笑いしたあとは、笑いが止まらない人生になります。

❻ 孤独感が消える

あなたは今、孤独ですか？　それとも愛する人々に囲まれていますか？

私は、**孤独な世界から、愛する人々に囲まれる世界に移行**しました。

どうやって？　というと、思い方を変えたからです。

自分の右側に見えないけれど、**必ず一人、守護天使がいてくれます。**これは、どんな人ももれなくです。嬉しいですね。

生まれる少し前からずっと寿命が来るその日まで、ずっとそばにいて守ってくれているのです。

まず自分専用にそばにいてくれる守護天使さんに「ありがとう」です。

感じてみてください。孤独感がすっと解放されて、楽になって心が温かくなります。

では、なぜ私が自分の守護天使をいつも感じているのに孤独だったかというと、見えているものが他の人には見えていないことを知ってからです。また違った孤独感が芽生えました。

それが、だんだんと同じような不思議ちゃんと出会うことがあって、孤独感が癒されてきました。同じ悩みを持つ人との出会いも孤独感がすっと消えていきます。人との出会いはとても大切です。

沖縄ツアーに、弱視の施術者の女性がいて、運よくランチのあとに施術をしてもらえました。上半身のリンパの流れが止まっていると、びっくりされて、

「忙しすぎですね。身体がこちらを向いてと悲鳴をあげています。とっさに台風を飲み込んだり、余震を飲み込んだりしても、そのままお腹を腫《は》らさないで、光に返してあげてください。誰にもわかってもらえない孤独感がありますね。私も自分が見えていることをあまり言わなくなりました」

と言われて、嬉しいびっくりでした。理解されることの安堵感で、すっと孤独感が消えていきました。

なんと、自分がさっそく孤独感が瞬間で消える体験をしてしまいました。

自分を受け入れて、理解してもらえることは、たとえようのない幸せ感です。

こうやって本を書き続けてきたのも、同じように感じている人々を求めて探しているのかもしれません。

今回は、パラレルワールドという、びっくりの切り口で語りかけています。

あなたが少しでもこの世界を知って、気持ちが楽になって、明るい未来が見えてきたら、とても嬉しいです。頑張って本を書いているかいがあります。

私にとって、孤独感が原動力になって、本を書いています。

あなたという理解者を求めて、書いています。いつか会えるときがきて、素敵な会話ができるのを楽しみにしています。

著者と読者の関係の中にも、つながるという喜びがあります。

「啓子先生の本をずっと読んできました。生のご本人に会えるなんて、夢のようです」と握手を求めてきたり、ハグしたり、感動の場面によく出会います。頑張って、書き続けてきてよかったと思える瞬間です。

つまり、ありのままの自分を表現することで、相手に自分の本当の姿が伝わり、理解してもらえるようになります。

自分が何者であるかを表現して、伝えましょう。それが孤独にならない方法です。そして、忘れないでください。右上の守護天使が必ずずっとそばにいることを。いつも守ってくれています。

❼病の不安や苦しみから瞬時に解放される

病気は、気づきのチャンスです。何かに気づいたら、病気の役割は終わって、自然に消えていきます。この病気で、身体は何に気づいてと言っているのかがわかったら、本当に瞬時に解放されます。

もし、過労で休養が必要だったら、しっかり身体を休めるようにするのが大切です。自分の身体に聞くのも最短距離です。時には、**自分の身体の中にもワープしてみませんか？**

それは可能なのか？

実は、可能なのです。

昔、自分の身体の中に、明想（瞑想）で入ってみたことがあります。身体の血管の中で、赤血球や白血球に会ったことがあります。赤血球さんは、白玉のようにポニュポニュして、気持ちよかったです。もっと小さく細胞の中に入って、ミトコンドリアにも対面しました。

ミクロのパラレルワールドにワープするのは、いかがでしょうか？

身体との究極の対話になって、細やかに様子がわかると思います。

身体の中が素晴らしい宇宙空間であることを体感できるでしょう。

いつもグローバルな、地球レベルではなくて、たまには小宇宙に意識を向けてみましょう！　代謝レベルで、身体のことがわかって、面白いかもしれません。

レッツ・ゴー・ツー細胞レベル〜！　明想して、自分の身体の中に入ってみましょう！

素晴らしい宇宙の旅を体験できます。明想で気づいたことをすぐに実行してみましょう！

身体の中からのメッセージは、そのまま魂さんからのお願いと同じです。

身体の中も素晴らしい小宇宙です！

もっと身体の気持ちを受け入れてあげましょう。病気になるのは、何かを訴えているのです。せっかく宇宙からお借りしている大切な地球服です。

身体も宇宙の一部なので、魂さんと直結しています。魂の気持ちを身体は理解しているのです。むしろ、私たちの表面意識のほうが気持ち的に遠いかもしれません。病気になると、日ごろの健康のありがたさが身に染みます。

当たり前になっている健康状態が、恋しくなります。

六〇兆個の細胞たちが、黙ってずっと働いてくれて、生き続けています。

手から愛のエネルギーが出ているので、優しく身体を丁寧にさすりながら、「いつもありがとう！」と細胞さんたちに愛を注いでみましょう！

そして、たくさん笑いましょう！

大笑いすると、酸素がドドーンと身体の中を巡って、一気に酸素不足が解消されて、特にガン細胞は、正常細胞に戻ります。酸欠の環境に耐えるためにガン細胞が登場しているからです。

日々忙しく頑張りすぎる現代人は「酸欠」になりがちです。**酸欠には大爆笑があっという間に効きます。**

簡単に大爆笑するには、「笑いヨガ」をお勧めします。意味なく笑えるからです。

今、思いついた龍の笑いヨガを紹介しましょう！

左手に龍の玉を持ちます。玉を持ったつもりで、左手を上向きに開きましょう。

右手で、龍が飛ぶイメージをしながら曲線を描いて、

「龍〜ハハハハハ〜」

と大きな声で笑います。この**龍の笑いヨガは、大笑いしたついでに、龍ともつながるので一石二龍です**。大変お得です。

どんな病気もびっくりして、酸素が身体中に行きわたって、細胞が元気いっぱいになります。

笑いで、元気になりましょう！

いかがでしたか？　最後は笑いが出てきました。愛と笑いの癒しをしているので、自然かと思います。

それでは、最終章の最終コースに入ります。

大阪北部地震のときにわかった私の優先順位（覚えていますか？　ファッション→祈り→食べ物の順でした）からパラレルワールドへの道を解説していきたいと思います。

パラレルワールドへの道❶　ファッション

ファッションは、朝、出かける前に、その日のスケジュールを思い出しながら、どんな衣装がいいかを決めていきます。そこから、どのように展開するかをファッションから見た視点で見ることができます。

ファッションは、その日の舞台衣装でもあります。一日をどのように過ごすかをファッションで表現しています。

例えば、赤と黒のファッションは、スペインのスイッチを入れます。

赤と黒のファッションでクリニックにいらした患者さんは、スペイン時代の過去生があって、スペイン料理のパエリアをご主人に作ってあげるといいですよ〜とアドバイスしたら、「パエリアは主人が大好きで、よく作るんです。今朝も作ってきました」とびっくりの返答でした。

タータンチェックのファッションは、イギリスのスイッチが入ります。

タータンチェックのファッションの患者さんは、過去生がイギリス時代です。ミルクティーが大好きで、イギリスに行ったことがあると納得されます。

麻のノースリーブのワンピースを着てくる女性は、もれなくギリシャ時代の神殿の巫女《みこ》さんです。白のレースの女性は、イギリス時代があったり、天使だったりのことがあります。

守護天使から、よくファッションアドバイスがあります。

「今日は、（過去生が）イギリス時代と天使だった人が来るから、白のレースファッションよ！」

その通りにしたら、朝からイギリス時代の過去生の解放で、レースが患者さんとハモッていました。最後の患者さんがしっかり総レース真っ白ファッションで、「啓子先生と一緒だわ〜」と大喜びされました。「一緒に天使だったのよ〜」とさらにテンション上がりました。

守護天使から、「今日は、紅白めでたいファッションよ！」と指示があって、その通りにしたら、インディアンのフェスティバルで、スー族の族長と仲良くなり、スー族のファッションが紅白で、顔も紅白に塗り分けていました。スー族に溶け込んで、インディアンのエネルギーをしっかり受け取ることができました。

白龍から、しっかりつながるように白のファッションをリクエストされることもあります。

勤労奉仕で初団長のとき、天皇皇后両陛下のご会釈がある日は、白龍がすでにそれを知っていて、「啓子ちゃん、今日は天皇皇后両陛下にお会いするから白よ！」と指示があって、その通りにしたら、本当にその日お会いできました。びっくり！

「今日は、皇太子さまにお会いするから、勝負服のローズとうさぎのピンクハウスね！」と、赤坂御所での万歳三唱の音頭を取ったときにも、力強いファッションで向かいました。

そのときは、外で九頭龍《くずりゅう》が応援のパワーをくれました。

龍とつながると、パワフルにスピードアップします。

龍が登場する前に、たくさんの鳥がさえずってくれて、不思議な演出でした。

ファッションだけでなく、自然界も反応して、応援してくれます。

あなたも、**自分にとって、とても大切な日には、パワーが出る勝負服を着て臨んでくだ**

さい。元気が出て、バッチリの流れになります。

そして、ファッションの色合いも大切です。

白は、花嫁、天使の衣装です。「あなたの色に染まります。あなたを応援します」のエネルギーになります。

赤は、行動、情熱、勇気、男性性の解放、爆発のエネルギーです。自分の中の火のエレメントを引き出すときに身に着けるとバッチリです。元気になりたいときは、下着も赤にしましょう！

オレンジは、冒険、チャレンジ、探索、創造のエネルギーです。ダンスやクリエーションするときに、ぴったりです。

黄色は、インナーチャイルド、笑い、勉強、さわやかさのエネルギーです。子どものように遊びたいとき、癒されたいとき、はじけたいときにバッチリです。

緑色は、癒し、正確さ、自然界とのつながりにいいです。しっかりと自然の中で、癒されます。

青色は、冷静、平和、安心、落ち着き、女性性の解放に素晴らしいです。穏やかで、落ち着きたいときに、ぴったりです。

藍色は、直観、インスピレーション、感性、スピリチュアルな目覚めです。

紫色は、神秘性、霊性、見えない世界とのつながりです。紫を身に着けるのは、難しいですが、藤色や濃い紫は、使いやすいかもしれません。魔女の服が濃い紫や黒を使います。見えない世界とのつながりを濃く持てるからです。

黒は黒魔術、白は白魔術とつながります。色は周波数なので、その波動との世界とつながる大切なスイッチになるのです。

花柄を着ると、女性性が解放され、ユートピアの象徴でもあり、平和な世界につながります。つまり、地球のユートピアのパラレルワールドとつながるには、カラフルな花柄を着ましょう！

パワフルなシンガーソングライター、マルチアーティストのＡＫＩＲＡさんとのコラボライブのときに、ＡＫＩＲＡさんをイメージして、火山のような花柄を着たら、ＡＫＩＲＡさんも同じように燃える花柄のタンクトップを着て、ハモりました。

ファッションがハモると、いっそう燃えて、テンションが上がります。

ＡＫＩＲＡ火山と啓子火山が爆発して、ハワイ島の火山の女神ペレに負けないくらいのエネルギーののろしが、沖縄で上がりました。いよいよユートピアへの爆発です。

目覚めた魂たちが、自分たちの内なるパワーの素晴らしさ、内なる光の輝きに目覚めて、創造性を爆発させます。

太陽の塔を創った岡本太郎のように、自分らしさに目覚めて、大爆発を起こすのです。

今までのように、自分はダメだと思い込んで、小さくなっていた過去のデータを手放して、いよいよ本領発揮です。ＡＫＩＲＡさんとは、数年に一度しか会わないのに、再会すると必ず爆発しますが、今回はペレの応援もあって、最高にはじけることができました。

お互いに、それぞれのフィールドで、ユートピア活動していることが確認できて、力強い励みになりました。

天才バカボンのように、「これでいいのだ〜！」です！

さらに、ライブの対談では、燃えるオレンジ色の太陽の女神で登場して、ますますテンションが上がりました。

ＡＫＩＲＡさんの合宿の最後では、ブルーインディアンの衣装で登場して、大フィーバーしました。シェアのときに、参加者さん一人ずつにブルーインディアンの羽根飾りをかぶってもらったら、全員が立派なインディアンの族長になって、すっかりインディアンの世界とつながりました。

しみじみと、ファッションがいかに大切なのか、本当にパラレルワールドにつながるスイッチになるのだと実感できました。

パラレルワールドへの道❷

祈り

私にとって、祈りは生活そのものです。祈りなしでは生きてこれませんでした。

祈ることで、辛い毎日を生き抜いていました。難病の治療のためのステロイドホルモンの副作用と、霊的に敏感なための苦しさから、それを乗り越えるために、未来に希望を託して、自分の健康と地球の平和を祈ってきました。

時々、龍に乗って、別次元に飛んだり、夢の中で行く好きなお家でゆっくりしながら、地上に戻ったら、また辛くて祈り続けました。

この三次元に意識を向けるには、祈りなしでは無理だったのです。

だんだんと、辛い生活から抜け出して、明るい祈りに変わってきました。

ずっと祈り続けて、今も祈りの生活を続けています。

祈ることで、意識が自由自在にいろんな世界とつながることを体感しています。

祈りという歌が浮かんできたので、歌ってみました。

祈り

祈ることで、生き続けた
祈ることで、この世にいられた
祈りがすべて
祈りが、我が人生
祈りで、いろんな世界とつながる〜
祈りは、生きること
祈りは、天とつながるすべ
祈りは、いのちの叫び〜〜
だから、祈りはやめられない〜〜

祈ることは、人生
祈ることは、パラレルワールド
祈りでつながる、すべての人に
祈りでつながる、多次元世界
祈りで、生きてこれた

祈りで、いのちが続いた
祈りは、いのちの叫び〜〜
宇宙と、つながる大切な手紙
だから、祈りをやめられない〜〜
だから、祈り続ける
祈ることは、人生
祈ることが、いのち

クリニックにも、いろんな祈り人が来ます。

統合失調症がかなりよくなって、仕事をしっかりやっている男性が、クリニックへ再診に来てくれました。

工場で働いたり、倉庫の番をしたり、道路工事をしたり、ずっと仕事をしながら、日本と地球の平和を祈ってくれています。どうしても妄想が出てきて、人間関係でつらい思いをするのですが、それでもずっと祈ってくれています。

「僕には祈ることしかできないから、これしかできないから祈り続けています」

アパートの隣の人が文句を言っている感じがして、とうとう実家に帰りました。それが絶妙なタイミングで、母親が倒れて救急車を呼んで、無事に心臓のカテーテルが間に合いました。本当にすべてがうまくいっています。

被害妄想という症状が、母親を助けたことになります。

「家族がバラバラだったのに、弟たちと和解できて、簡単に実家に戻れました。本当に奇跡です！」

「**あなたが祈り続けた、宇宙からのご褒美です**よ。よかったわね！」

祈り続けると、それは宇宙に愛を発することになり、必ず循環して、自分に戻ってきます。奇跡という形で戻ってくるのです。

だから、祈り続けましょう！　**祈ることは、意識の立派な行動なのです。**

動けない人も、祈りはできます。病気で仕事ができなくても、祈りはできます。自分は何もできないと思ったら、ぜひ、その場で祈りましょう！

祈りは、宇宙に発信されて、その愛が必要なところに瞬時に届けられます。

祈りは、愛を届ける素敵な贈り物です。

祈りは、すぐにユートピアの地球につながります。

祈りで、すでに平和になっているパラレルワールドの地球へワープできるのです。

日本が平和でありますように
地球が平和でありますように
太陽系が平和でありますように
宇宙が平和でありますように
ありがとうございます！

パラレルワールドへの道❸ 食べ物

食べ物からのパラレルワールドへの飛び方があります。

懐かしい過去生の食べ物を食べることで、スイッチが入って、すぐにワープできるのです。

食べ物は、文化を味わえるので、直接記憶ともつながります。

日本人に生まれ変わる人は、生まれ変わりで、いろんな国を体験して、いろんな味を知っている体験が豊富な魂さんです。

だから、日本の主婦は、世界一のシェフです。いろんな世界の料理を日々作っています。和食はもちろんのこと、ラーメンや餃子の中華、パスタやピザのイタリアン、パエリアのスペイン、カレーのインド、ハンバーガーのアメリカ、ボルシチのロシア、冷麺や焼き肉の韓国など、インターナショナルです。

外食はもっとバラエティに富んでいます。世界各国の料理が満載です。最高のイタリアンは、イタリアではなく東京にあるそうです。過去生の名物イタリアンシェフが、日本人に生まれ変わって、東京でレストランをやっているのです。

最高のロシア料理も、ロシアよりも東京で味わえるそうです。過去生の名物ロシアのシェフが、日本人に生まれ変わって、東京でレストランをやっているからです。

沖縄にも、本場のタイやベトナムよりも、さらに美味しいサイルーンというレストランが読谷《よみたん》にあります。脱サラしたご主人がやっていますが、どう見てもタイ人かベトナム人に見えます。過去生がタイやベトナムだったのです。

過去生の料理が、生まれ変わっても上手なのです。

タイもベトナムも今生で旅をしたことがありますが、本場で食べるよりも、ここで食べる料理が美味しく感じてしまいます。

私の過去生で、タイの奥の少数民族で絵を描いていた時代があって、タイ料理を食べると、一気にその時代にワープして、絵を描いていた時代の集中力と絵を描く楽しさが蘇ってきます。その感覚を思い出したくて、バンコクには十数回行っています。

ベトナムも、ベトナム戦争が終わった直後に行ったことがあって、爆弾の跡が生々しく残っていました。二十代のときです。そのとき現地に行ったことで、ずっとあとのクリニックでの、過去生療法で、ベトナム戦争で傷ついた兵士だったときの深いトラウマを解放するのが、とてもやりやすかったです。

人生一切無駄なしですね！

つながりやすいのは、現地に行ってみること、次がその文化の食事をいただくこと、その国の人と会って話すこと、そして、テレビでその国の文化や歴史に触れることです。

テレビは、現地に行けない人のために、意識でその世界にワープできるので便利です。意識の世界の情報源になります。レポーターさんが代わりに行って感じてくれます。

実は、パラレルワールドに飛ぶことも、現地に飛んでみることに似ています。

現実と思い込んでいるこの三次元の世界も、私たちの思い込みで創られているバーチャルな世界なのです。それも参加型なので、テレビで見ているだけでなく、自分がレポーターになって、三次元世界にあの世から行って見ているのです。

テレビで羊肉の素晴らしさを紹介していましたが、実際に味わったことが何度もあると、食べているのを見ているだけで、味が伝わってきます。

作り方も見ているだけで、自分でも作れるようになるのです。

料理も創造です。今までの魂の歴史が活用されて、味を思い出して料理が作られます。その料理を毎日食べていた時代に、意識が戻って作ります。

ソウルメイトが集まって、一緒に作って食べると、一緒にいた時代が戻ってきて、いい味に自然になります。

東京時代に、なぜか自然に、三週間も毎日イタリアンのときがありました。きっとイタリア時代に一緒だったソウルメイトが、同じタイミングに集まってきたのでしょう！　いろんなグループとの約束が埋まって、いざふたを開けてみたら、ずっとイタリアン料理ばかり食べていて、圧巻でした。

それでも飽きない程、とても美味しくて、「昨日行ったイタリアンも最高に美味しかったよ～」と情報交換がすぐにできました。

私には、イタリア時代の過去生が何回もあります。バチカンが二回、アッシジが二回、フィレンツェとベネチアとポンペイが一回ずつ、ローマも三回あります。思い出しただけでも合計で一〇回もあるので、毎日イタリアンでも飽きないわけです。

イタリアンレストランを経営したり、シェフになったり、通ったり、少しでも食でイタリア料理にかかわる魂さんは、必ず過去生で何度もイタリアを体験しています。

中華料理も大好きなので、中国時代の過去生も多いと思います。

私が食べることが大好きなのは、地球のあらゆる文化をおさらいしているのかもしれません。

いよいよ今回の人生で、地球の転生は最後になるからです。いわゆる食べおさめをしているのかもしれません。

あなたも、思い残しのないように、食べたいものを食べておきましょう！　それがスイッチになって、再会したいソウルメイトにも会えるかもしれません。ソウルメイトと一緒に懐かしい国の料理を食べましょう！

美味しい料理で、懐かしいソウルメイトと一緒に、懐かしいパラレルワールドにワープしましょう！

今、新しい地球へ

美味しい話のあとに、食べない話に移行します。まずは大切な美しい星、地球の大変動についてです。

最近、太陽系が大きく変動して、地球も影響を受けて、前述したように地軸が動いているようです。

そのせいで、世界中が異常気象を起こしています。

日本がインドのように暑くなって四〇度を超えるようになりました。びっくりポンポンポ～ンです。逆にインドが二七度に涼しくなっています。

これもきっと、さらに地球がよくなるためのプロセスなのでしょう。

今回の地球の地軸の大変動については、三〇年前に聞いていました。

カナダのトロント郊外の湖畔で、一週間の断食セミナーに参加したときのレクチャーで聞いたのです。

一食抜いても死ぬと思い込んでいた私が、断食セミナーと聞いたら絶対に参加しないので、自然食を食べながら面白いセミナーがあると騙されて参加しました。始まる前に、屋根裏部屋で、飴を舐めながら泣いていたのを思い出します。

そのときに慰めてくれたのが、インディアンのスネークダンスのイメージでした。

なんとなく懐かしく感じるインディアンの族長が、

「ようこそ、魂のふるさとへ、よく来た、一週間くらい食べないのは、昔インディアンだった時代を思い出せば、何ということはない。これからみんなで歓迎と励ましのインディアンスネークダンスを見せるから、思い出して、インディアンスイッチを入れなさい。簡単に一週間の断食ができるから」と優しく力強く慰めてくれました。

このときに見せてもらった渦巻き状に踊るスネークダンスが忘れられなくて、天の舞の庭に、ハッピィスパイラルとして再現しました。左回りで解放、右回りでパワーアップの渦巻きは、なかなか好評です。

それからは、自然に断食セミナーのグループに溶け込めて、参加できたのです。

高圧浣腸で二メートルの宿便を取ったり、退行催眠で過去生療法をしたり、とても濃い内容でした。

セミナーは、食の話だけでなく、これからの地球の流れを解説するものもありました。

「地球の地軸は、一気にではなく、三段跳びで変動します」

との解説が、セミナーの中で始まってびっくりしました。

「北極がグリーンランドのあたりになります。カナダは北極に近くなるので、冬が長くなり、野菜の収穫が難しいので、これからその方法を伝授します」

と、なかなかコアな内容でした。

私は、世界地図と地球儀を見ながら、必死に日本が三段跳びのあとにどうなるのかを計算してみました。今のフィリピンぐらいの緯度になります。

東南アジアのような気候に変わることになります。

「日本もこれからずっとTシャツで過ごせるのね〜」と簡単に思っていましたが、猛暑が襲ってきて、三〇年前に聞いた話は、これだったのだと気づきました。

大きく太陽系が動くときが、一気にユートピアにパラレルワールドを活用して、ドーンと移行できるチャンスです。

そのときをちょうど今、迎えています。

だから、この本が世に出ました!

意識をしっかりと地球レベルに向けて、創造主であることを思い出してワープしましょう!

最後にやはり、これだけは、もう一度伝えたかったことです。

「私たちは、みんな思いで人生を創っています。

宇宙も創っています。

だから、私たちはみんな創造主なのです!」

この本を通して、あなたに心から伝えたいことがあります。

あなたは自分が思っている以上に素晴らしい存在です!

思いで人生を創ることができます。そして創ってきました。

いろんな人生を楽しんで成長してきました。

思いで宇宙を創ることができます。そして、今のような広大な宇宙を創ってきました。

特に太陽系は、素晴らしいので、大人気です。いろんな宇宙人が地球で体験したくて、集まってきています。

今、地球は次のステップへと移り変わる転機を迎えています。

この〝時〟にだからこそ、パラレルワールドに意識を向けて、みんなで地球が平和になっている、すでにユートピアの地球へとワープしましょう！

上江洲先生は未来の黄金時代を三回見せられたそうです。黄金時代を迎えるために、そのプロセスで驚きの大変革という浄化があります。

明想を習慣にしましょう！

祈りを唱えましょう！

大好きな美しい星、地球を存続するために、みんなの思いを一つにして、主体的になりましょう！

私たちみんなが創造主で、この世界を創ってきたのです。

今、大切なハイライトを迎えています。

本当に、本当の本番なのです。

今まで、地球を舞台に、いろんな人生を楽しんできました。

あの世にはない、苦しみ、痛み、悲しみを飽きるほど、たっぷりと体験してきました。

その体験のおかげで、私たちの魂は、愛が深まり、愛の表現が豊かになり、人の痛みがわかるようになりました。創造性も多岐にわたり、いろいろ創り出すことができるようになりました。

最後に地球に感謝を込めて、たくさんのいのちが元気よくいのちである喜びを賛歌できる地球に戻して、その世界を一気に思いで創りましょう!

地球にありがとう!

今まで、いろんな体験をさせてくれて、本当にありがとう!

これから、新しい地球にリセットして、また美しい星としてスタートしましょう! リセットのときがきています。

それを私たちの思いで、楽しく軽やかに、リラックスして、ポカンと口を開けながら、最大の創造性を発揮しましょう!

では、また新しい地球でお会いしましょうね!

おわりに

この本を読んでくださって、本当にありがとうございます。

いかがでしたでしょうか？

「時空を超える運命のしくみ」が感じられたでしょうか？

パラレルワールドの世界を少しでも楽しんでいただけたでしょうか？

パッとパラレルワールドに移行するヒントが見つかったでしょうか？

パラレルワールドは、最先端の科学でも研究されています。スピリチュアルな世界だけの特別なものではなくなっているのです。

私たちは、五次元以上の光の世界から、この三次元世界の地上に降りてきて、「思いが人生を創っていること」を、日常のさまざまな体験から感じ取っています。

私たちの意識が、いろんな体験を経て、どんどん進化成長することで意識が変わり、住んでいる世界が一瞬で変わることを、多次元的に理解できるようになってきました。

私たちが住んでいる愛の星、地球も今、激変しています。

異常気象が日々、世界中で起きて、意識を変えないと生きていられない状況です。

その中で、自然に意識変容が起きて、直観で瞬時に決断する場面が増えています。

これは、黄金時代、ユートピアへのプロセスの中で起きる自然の現象なのです。

まわりの情報に左右されずに、直観で必要なものを選んで、それぞれのユートピア担当地区で、今できる言霊の活用と愛あふれる活動をしていきましょう！

素晴らしい「黄金時代」「ユートピアの時代」を迎えることができます。

それには、意識変容が必要です。意識を変えて、パラレルワールドに移行することが大切です。

実は、私たちの集合意識が、平和なユートピアの地球を創るのです。

そして、もうすでにどんどん創られています。そこへ一気に移ることができます。

だから、パラレルワールドというワードに意識を向けて、移る準備をすることが大切なのです。そのためにこの本は世に出ました。

量子力学の世界でのパラレルワールドの解説本は出ていますが、もっと日常的にわかりやすい内容の本がありませんでした。

最近話題のパラレルワールド（並行世界）についてぜひ書いてほしいと、いつものように編集者の野島純子さんが、面白い提案をしてくれました。

パラレルワールドの本は、楽しいチャレンジになりました。

出版を早めることを快諾してくださった、編集長の山崎知紀さんも本当にありがとうございます。

おかげで、とんとん拍子の流れで、早く世に出ることになりました。

美しい表紙を描いてくださったイラストレーターの押金美和さんが、パラレルワールドにも興味がおありで、第三の目が開くようなインディゴの色で、パラレルワールドらしい表現にしてくださいました。こちらも〝とんとん表紙（拍子）〟でした。

本当にありがとうございます。

今回の本づくりの過程では、いつも全面的に応援してくれるツインソウルのパーカー智美さんが、心からの応援をしてくれて、この本を書くことができました。本当にありがとうございました。

パラレルワールドの体験について、インタビューを受けてくださった、はせくらみゆきさんに、本当にありがとうございました。

「天心無我」という最高の言霊を天から降ろしてくださった上江洲義秀先生にも、いつも応援していただいています。ありがとうございます。

カタカムナ学校と研究会を一緒に立ち上げた、カタカムナ研究家の吉野信子先生にも、いつもありがとうございます。

毎月、大阪の高槻に通うハードスケジュールの中で、パラレルワールドのようにカタカムナワールドと並行して本が書けました。多次元世界の実践でした。

愛あふれる家族の応援も本当にありがたかったです。主人が天の舞と海の舞をしっかり守ってくれて、見事なユートピアの世界になりました。

いつもそばで癒してくれる猫の花ちゃんに加えて、新しい家族になった猫の桃ちゃんが、ひと休みのときに、お腹の上に乗って癒してくれました。

ずっと支えてくださった多くの方々に、本当に心から感謝しています。

今までの人生で出会えたすべての魂さん、ソウルメイトさんにも心から感謝の氣持ちでいっぱいです。

私たちが意識を変えて、パラレルワールドを活用することで、愛と笑顔がいっぱいのユートピアの世界、黄金の世界が、本当に実現できる日を心待ちにしています。

平和なパラレルワールドの地球にブラボー！

素晴らしい多次元的人生にブラボー！
人生一切無駄なし！
すべてはうまくいっている！

二〇一八年　八月吉日

魂科医・笑いの天使・楽々人生のインスト楽多〜

越智　啓子

著者紹介

越智啓子　精神科医。東京女子医科大学卒業。東京大学附属病院精神科で研修後、ロンドン大学附属モズレー病院に留学。帰国後、国立精神神経センター武蔵病院、東京都児童相談センターなどに勤務。1995年、東京で「啓子メンタルクリニック」を開業。99年沖縄へ移住。過去生療法、アロマセラピー、クリスタルヒーリング、ヴォイスヒーリングなどを取り入れた新しいカウンセリング治療を行う。現在、沖縄・恩納村にあるクリニックを併設した癒しと遊びと創造の広場「天の舞」「海の舞」を拠点に、クライアントの心（魂）の治療をしながら、全国各地で講演会やセミナーを開催し、人気を呼んでいる。

啓子メンタルクリニック
http://www.keiko-mental-clinic.jp/

時空《じくう》を超《こ》える 運命《うんめい》のしくみ

2018年10月１日　第１刷
2018年12月10日　第２刷

著　　者　越《お》智《ち》啓《けい》子《こ》
発 行 者　小澤源太郎

責任編集　株式会社 プライム涌光
電話　編集部　03(3203)2850

発 行 所　株式会社 青春出版社
東京都新宿区若松町12番１号 〒162-0056
振替番号　00190-7-98602
電話　営業部　03(3207)1916

印　刷　共同印刷　　製　本　大口製本

万一、落丁、乱丁がありました節は、お取りかえします。

ISBN978-4-413-23103-9 C0095